Luisa Ciuni

Kate

La commoner

CAIRO

ISBN 978-88-309-0572-6
Prima edizione: ottobre 2025

Sommario

KATE

Introduzione

L'omaggio di Wimbledon

Quando è comparsa al torneo di Wimbledon nel luglio del 2024, dopo mesi di assenza dovuta alla chemioterapia, l'intero stadio si è alzato e l'ha applaudita. Un omaggio mai reso neanche a Lady Diana, principessa del popolo, o ad altri membri della Royal Family.

Un tributo testimonianza di quanta acqua sia passata da quando, poco più che ventenne, Kate Middleton fece i suoi primi timidi passi al fianco del principe William, discreta, gentile, piacevolissima ma senza dubbio molto poco carismatica.

Faccia carina, fisico da indossatrice, segni particolari una straordinaria massa di capelli castani ondulati, la ragazza fu subito stigmatizzata dai media come *commoner*. Commoner, cioè, esponente del ceto medio, neanche un nobile nell'albero genealogico, nessun familiare nel jet set, nemmeno un parente ricevuto sistematicamente a Buckingham Palace. Una signorina nessuno.

Che scatenava invidie feroci, però. Dato che quella borghesissima ragazza (figlia di una hostess e di un controllore di volo diventati miliardari grazie a Party Pieces, un'azienda on line di articoli per le feste dei bambini) col suo sorriso aggraziato levava di mezzo il partito più invidiato d'Inghilterra. William, destinato a diventare re, che l'aveva incontrata nel più banale dei modi: sui banchi dell'università. Dove lei era brava e integrata e lui un giovane su cui gravava un'infanzia difficile, segnata dalle liti e dal divorzio dei genitori, i gossip continui su di loro, la morte improvvisa della madre, la solitudine. Più l'indecisione sugli studi da seguire.

Come fu, come non fu, la studentessa secchiona dalla famiglia serena tese una mano – e i relativi compiti – al principe del tutto indeciso, che ci mise dieci anni a risolversi a sposarla nel plauso popolare.

Nella nuova coppia reale, la gente vedeva una bella giovane che sfornava graziosi bambini, ligia alle norme (fin troppo antiquate in certi casi) dettate da Elisabetta, sempre sorridente. Mai uno scandalo (e quando la fotografarono in topless fece causa e vinse). Mai un piede in fallo, un eccesso, il sogno di chiunque per una figlia. Poi la creazione di una famiglia da Mulino Bianco rara in tutta Europa.

Fino all'arrivo di Meghan Markle, quando la moglie di William, tutta casa e figli, sempre un passo indietro al marito, si stufò. E decise di giocare un po' meglio le sue indiscutibilmente buone carte. E di fare uscire anche quel carattere che aveva e che l'aveva aiutata in silenzio in tutti gli anni passati a imparare a fare la principessa, costruendo una famiglia felice per un uomo complicato che odiava l'esposizione mediatica cui era soggetto fin dall'infanzia e che temeva per la moglie la fine della madre.

Per anni Catherine Middleton ha usato il suo equilibrio e il suo buon senso per aiutare William, per evitare guai con Harry e con i Windsor. E ha superato anche la Megxit fino a quella diagnosi funesta di cancro, un fulmine a ciel sereno comunicato tardi e con fatica, per la quale, dopo mesi di assenza, quel giorno si alzava in piedi uno stadio in un festoso tributo.

Per molto tempo Catherine ha saputo, senza battere ciglio, di essere soprannominata «*the beautiful wisteria*», il bel glicine, cioè l'arrampicatrice. Ora, dopo la chemio e la forza che ha dimostrato, è *brave*, l'aggettivo con cui la applaudono i media, la cercano gli inglesi, la parola che fa dei suoi post i più letti della famiglia reale. Coraggiosa, una qualità molto amata dai suoi connazionali.

Se Diana era amata ed Elisabetta rispettata, Kate Middleton, principessa di Galles, è senza dubbio la donna più stimata della Gran Bretagna. Un cammino a tappe, non sempre lineare, con pochissimi inciampi e un rivale temibile: l'ombra di Banquo rappresentata dal fantasma di Diana.

Caterina la Grande

Oggi idolatrata, Catherine ha sopportato molto da parte dell'establishment e della stampa inglese. Anche nel più lusinghiero degli articoli c'era sempre quel rimando alle origini borghesi, una goccia di veleno che ha finito per riempire un bicchiere anche nell'articolo che le dedicò il magazine *Tatler*, dal titolo *Catherine the Great*.

Dopo la foto di copertina con un magnifico abito da sera, il giornale non poteva che sottolineare come la giovane, impeccabile nell'eseguire i suoi doveri reali, fosse impenetrabile, requisito fondamentale per una futura regina. Per poi riprendere con tono velenoso sulla rapida ascesa di una ragazza del ceto medio che aveva frequentato buone scuole grazie al patrimonio accumulato di recente dai genitori, che aveva sedotto l'erede al trono con una sfilata in abito corto e trasparente e che aveva aspettato il principe per così tanto tempo pur di farsi sposare da essere soprannominata *Waity Katy*.

Da morire di rabbia. E via a intervalli fissi con cattiverie dello stesso tenore mai venute a galla prima, per esempio verso la duchessa di Edimburgo nata Sophie Rhys-Jones e figlia di un venditore di auto. Perché l'invidia che ha scatenato e scatena la posizione della ragazza Middleton è persino superiore all'*aplomb* britannico.

Così i media sono sempre stati sospesi a metà tra la necessità di seguire la sua popolarità e quella di accarezzare l'acredine di chi avrebbe voluto la figlia o la nipote al suo posto. E se Catherine the Great, alla fine, voleva essere uno sfottò, erano amarevoli i titoli che, a scadenza regolare, ricordavano che la segretaria tale o la nurse tal altra si erano dimesse perché la casa dei due giovani duchi di Cambridge (il titolo di William e Catherine prima che Carlo diventasse re e William gli subentrasse come principe di Galles) aveva uno stile troppo borghese, indegno della servitù che aveva lavorato per la regina, o che la villa nel Norfolk – il *buen retiro* della coppia – era arredata come un'anonima abitazione di persone ricche, o meglio arricchite, priva dell'eleganza di una tenuta aristocratica. Eccetera eccetera.

Se a Catherine queste notizie sono dispiaciute, non lo ha mai fatto capire. Perché in una cosa il *Tatler* aveva ragione. Catherine, fino al tumore, ha sempre portato in pubblico una maschera impenetrabile. Sorridente, sobria, imperscrutabile, mai un commento o un'intervista fuori posto o non concordata, mai uno scatto anche quando l'invadenza dei fotografi si era fatta eccessiva. Non ha mai fatto trapelare le sue vere opinioni.

Diana amava, coccolava, chiamava lei la stampa nella sua guerra infausta contro la famiglia reale, Catherine fa finta di nulla da quando si è sposata. Perché Diana e Catherine non si somigliano affatto. Anzi, sono l'antitesi l'una dell'altra: Diana viveva per il pubblico, Catherine per la sua famiglia e per la privacy. La prima ha avuto un successo velocissimo, fin dalla prima foto pubblica, la seconda è rimasta a lungo nelle retrovie a difendere figli e matrimonio. Sembrava una partita persa in partenza, ma oggi Catherine è l'asso nella manica dei Windsor come lo fu Diana. Con una differenza sostanziale. Lei non rema contro, è il fulcro della squadra.

L'aristocratica e la commoner

Nella vulgata che la vuole Cenerentola sposa del principe, ci si dimentica sempre che Diana Spencer era, in realtà, una delle figlie di lord John Spencer, conte di Althorp, cresciuta in una delle magioni più belle della Gran Bretagna a pochi chilometri da Sandringham, castello preferito della regina Elisabetta.

Arrivata tra i Windsor a vent'anni, Diana non ha mai vissuto con quella gente di cui voleva essere la principessa di cuori. Il suo sforzo di apparire, non certo nell'abbigliamento, una di loro si concretizzava nella continua comunicazione di sentimenti pop – ira, gioia, pianto – e nella narrazione del suo matrimonio come una lunga telenovela corredata di tutti gli elementi della sceneggiata napoletana: lui, lei, la cattiva, in una storia così ben riuscita per cui c'è ancora chi crede che Diana sia andata a Parigi, morendo infine nel sottopassaggio del ponte dell'Alma, perché Carlo amava Camilla. Era una donna fragile, emotiva e dal carattere complesso.

Catherine, nata e vissuta in una casa normale, non potrebbe essere più diversa. Se Diana aveva vissuto il trauma della fine del matrimonio dei genitori e del seguente abbandono da parte della madre (che in realtà perse la causa per avere l'affidamento dei figli, ma lei era troppo piccola per capire e si sentì abbandonata), Catherine gode ancora oggi di una famiglia serena e compatta, palesemente affettuosa con lei, con William e con i figli. Da queste certezze, ha avuto in dote un grande equilibrio che è apparso in tutta la sua forza nella vicenda del tumore, ma si era manifestato fin da prima, quando era entrata tra i Windsor in punta di piedi, quasi nel ruolo esclusivo di riproduttrice reale. E questo solo perché William voleva e – secondo tutti – aveva bisogno di una famiglia equilibrata dopo la drammatica infanzia vissuta.

Inoltre, se si mette a confronto l'entusiasmo con cui è stata accolta Meghan Markle e tutto quello che le è stato concesso nei primi mesi di fidanzamento e matrimonio, si nota che lo stesso trattamento di riguardo non fu riservato a Catherine.

L'immagine di Carlo che accompagna Meghan all'altare è ancora presente nella mente di tutti, mentre non ci si ricorda più che alle sontuose nozze dell'erede al trono fu accolta la parentela più stretta di Catherine – i genitori e i fratelli – ma che il resto dei parenti accorsi da tutto il mondo vennero ospitati al Goring Hotel (motivi di sicurezza, ovviamente), dove festeggiarono da soli. Inutile dire che non esiste una foto pubblica di quel matrimonio di seconda mano.

La sfinge. Niente da dichiarare

Siamo abituati a sapere tutto dei reali, ma di Catherine Elizabeth Middleton, nata nell'ospedale di Reading il 9 gennaio del 1982, conosciamo solo quello che ha voluto farci sapere: il curriculum scolastico (il migliore mai avuto da un'esponente di casa Windsor), la felicità per il fidanzamento e la nascita dei figli, il sensazionale dono fatto alla regina, vale a dire un chutney particolarmente apprezzato e altri dettagli di questo tenore. Buio pesto.

Niente interviste-verità, confessioni, amiche pronte a narrare vita, morte e miracoli sotto il vincolo dell'anonimato. Svariate dichiarazioni pubbliche sulla salute dei bambini, quella mentale, le difficoltà di essere madre e lavoratrice. Poi, fino ai video in cui parla del suo cancro, silenzio di tomba tanto che, quando non riuscì proprio a trattenersi e disse in piena Megxit circa il cognato Harry che «non a tutti fa bene la terapia psicoanalitica», i giornali si buttarono sopra alla dichiarazione come un cane affamato su un osso. Una malignità di Kate? Fantastico! Finalmente!

Se il marito tende all'ira e la principessa Diana dava sfogo in pubblico a tutti i pensieri che le saltavano in testa piangendo, ridendo, scappando, Catherine non si scompone mai. Sorride spesso coi bambini, guarda affettuosamente il consorte, si dispiace ai funerali, è felice a Natale: come da protocollo, come da manuale. È riuscita persino a non infuriarsi quando la figlia Charlotte ha fatto le linguacce ai fotografi, cosa che avrebbe fatto guadagnare una solenne lavata di capo (o anche di peggio) a qualsiasi altro bambino.

La verità è che non vuole far trasparire nulla di sé stessa. E non perché scimmiotti i modi dell'aristocrazia di una volta, ma proprio perché è ferocemente riservata. Cosa che è stata la chiave di volta della sua relazione con William e la pietra su cui è inciampata la comunicazione di Kensington Palace quando si è ammalata.

Comprensibilmente sciocata dalla diagnosi e presa dalla necessità di curarsi e di rasserenare marito e figli,

Catherine si è chiusa a riccio senza considerare che la sua figura, la più in vista dei Windsor dopo la morte di Elisabetta, era troppo popolare per poter lasciare la gente senza notizie a lungo. Ed è successo quello che è successo: speculazioni, hater, annunci della sua morte. Il peggio della paccottiglia mediatica.

Ha imparato dalla regina o dal suo entourage? È sempre stata così?

La seconda è la risposta giusta. Il riserbo di Catherine Middleton è uno dei segreti del successo di un lungo e stabile rapporto col principe, circa vent'anni, di cui una parte in clandestinità prima del matrimonio. William – infastidito dai media prima della morte della madre e poi del tutto intollerante nei loro confronti – ha trovato, nella borghese silenziosa che non lo esibiva come un trofeo di caccia e non rilasciava dichiarazioni su di lui alla ricerca di fama, una persona – forse la prima della sua vita – di cui fidarsi ciecamente. Per un orfano alla ricerca del focolare perduto un porto sicuro dove rifugiarsi.

Gli choc di William

Durante le feste di Natale del 2024, il principe William ha definito l'anno che stava per finire «il più brutto della mia vita».

Una dichiarazione forte da parte di un uomo poco più che quarantenne, nato negli agi e destinato a essere re. Sfortunato, però, almeno dal punto di vista familiare.

William, infatti, era già in età di capire quando l'ostilità tra il padre e la madre esplose pubblicamente tra libri-verità, tv, tabloid, giornali, con le intercettazioni telefoniche dei genitori e i rispettivi amanti, le crisi di pianto e di bulimia della madre che lo aveva eletto a confidente, ancora troppo piccolo per poter reggere il peso del ruolo. Camilla sullo sfondo.

Un divorzio feroce. E poi la morte repentina di Diana con la conseguente scomparsa della casa cui era affezionato e la fine dell'unità familiare. Il funerale pubblico, il dolore nascosto, la solitudine.

Lutti e vuoti che né l'affetto della regina e del principe Filippo, né la buona volontà dell'allora principe Carlo erano riusciti a lenire, facendo dell'erede al trono un giovane facile all'ira (cosa molto diffusa tra i Windsor), permaloso e competitivo. Ma soprattutto solo, poco amico del padre e, in qualche modo, responsabile, «tutore» del fratello piccolo, con cui divideva il ricordo lancinante della madre.

Il ragazzo che aveva fatto amicizia con Kate Middleton non sapeva nulla di vita familiare, di normali abitudini domestiche, tanto da essere letteralmente conquistato da quella famiglia tranquilla cui era stato introdotto con grande nonchalance dall'allora ancora solo amica e compagna di università. Finì presto per trovarvi compagnia, per sentirsi a suo agio, circondato dalle attenzioni materne della signora Carole Middleton, un interesse umano e gentile per il suo benessere e i suoi gusti, da sempre delegati – da padre e madre – al personale di servizio. Che non gli facevano mancare nulla tranne che il calore di cui la casa commoner, invece, era piena.

L'orfano ventenne che portava con sé il ricordo dell'amore della madre, ma anche dei suoi pianti, delle sue ire, del suo protagonismo, improvvisamente si era trovato nell'atmosfera di una famiglia ricca di premure e amore reciproco. Una piacevolissima sensazione che all'inizio lo aveva stregato, in un momento dell'esistenza in cui il matrimonio con la ragazza Middleton era lontano anni luce.

Delle varie visite e delle serate in famiglia, né Catherine né William hanno mai fatto trapelare nulla. Carole e Michael Middleton neanche. Perché un secondo elemento di quella tranquilla famiglia borghese attirava William: il loro assoluto riserbo. Catherine, oltre a non mettere in piazza gusti e opinioni, era la riservatezza in persona. I suoi genitori pure.

Per William, esibito dalla madre fin dalla nascita e desideroso fino allo spasimo di privacy, la pace dei Middleton divenne il ritiro ideale per i giorni difficili e il modello su cui disegnare la propria futura famiglia.

Poi una donna posata, la tranquillità familiare, tre figli, la serenità. Improvvisamente, all'inizio del 2024, tutto questo era sembrato sul punto di svanire nel nulla per William davanti a una diagnosi spietata. Che lo esponeva al rischio di ritrovarsi come nel 1997, improvvisamente solo, con i bambini e la paura di rivivere il dolore della morte di Diana.

In più con l'incombenza di fare da unico genitore a tre figli spaventati, di appoggiare la moglie nelle sue lunghe e complesse cure e, ciliegina sulla torta, di sostenere anche il proprio padre colpito a sua volta da una diagnosi di tumore.

Un incubo a occhi aperti, peggiore di ogni esperienza precedente. E senza più Harry con cui parlare.

Se Catherine è passata attraverso una prova durissima, William ha rivissuto tutte le tragedie della sua vita. E, a mano a mano che la sua devota e silenziosa moglie migliorava e, insieme, discutevano della prova cui li aveva sottoposti l'esistenza, i due coniugi hanno deciso di cambiare molte cose.

Vedremo quali.

Anni tranquilli

L'attuale principessa di Galles, commoner dal comportamento più aristocratico di tante principesse e contemporaneamente donna di spirito pratico e innovatrice, è il frutto di una combinazione di qualità davvero particolari assemblate insieme, dal fisico da indossatrice (quello che fece spalancare gli occhi a William durante un'ingenua sfilata di beneficenza all'Università St. Andrews in biancheria scura e abitino nude look) al carattere composto, dall'istruzione di alto livello a uno spirito pratico di origine borghese che ha portato nella vita giornaliera dei Windsor una serie di innovazioni impensabili ai tempi di Diana. Paragonabili, volendo, a quelle che il principe Filippo impose negli anni Cinquanta.

Filippo aprì alla televisione l'incoronazione di Elisabetta II, fece pubblicare le immagini dei reali ai picnic in Scozia, portò i suoi familiari in tutto il Paese per farli vedere e conoscere alla gente. Insomma, levò loro l'aura di intoccabili. Oggi le innovazioni del duca di Edimburgo non sembrano più le eclatanti novità che rappresentarono all'epoca, ma dobbiamo a lui (la sua famiglia aveva perso il trono di Grecia ed era parente dei Romanoff, dei quali Filippo non desiderava condividere la fine) la strategia di comunicazione dei sovrani inglesi, almeno fino all'arrivo di Lady Diana, che sparigliò le carte.

Catherine – da giovane Kate, il nome per esteso è stato recuperato da poco per motivi di etichetta – con i suoi silenzi e le azioni concrete ha ridisegnato la fisionomia della famiglia dei Galles. Moglie e madre esemplare (ne esistono ancora), leale al marito in ogni frangente, specie nella lunga faida con Harry di cui era stata buona amica, fautrice di case agili, con poca servitù, di veri interventi a favore dell'infanzia disagiata (il suo pallino da sempre), l'attuale principessa di Galles ha impiegato dieci anni per esprimere la sua narrazione, la storia del focolare che ha ideato con e per l'orfano reale scottato da un'infanzia difficile. Prima di tutto nido e bambini, giochi e picnic, compiti e scuola. Poche governanti e molta signora Middleton, l'unica donna assieme alla sorella di cui si fida davvero. Mondanità solo dove necessario per la corona oppure se legata agli interessi di William, come il premio Earthshot.

Insomma, il marito e i tre bambini messi in primo piano, con l'assorbimento di un'altra lezione del duca di Edimburgo: sempre un passo indietro alla corona. Una bella statuina? No, una donna contenta di fare la duchessa di Cambridge, avere tempo per la famiglia e aspettare elaborando conoscenze, progetti da mettere a punto al momento giusto per non introdurre tensione. Simile a Diana, come scrive qualcuno? In nulla, direi.

Anche nell'esteriorità ha seguito passo passo la tradizione. Abbigliamento consono, almeno finché è vissuta, alle indicazioni della regina. Capelli raccolti, gonne al ginocchio, immancabili tacchi, cappelli, gioielli veri. Etichetta di corte seguita alla lettera, neanche ci fosse nata. Insomma, la perfezione, anche se, per alcuni, il segno di una certa mancanza di carattere.

Agli inglesi entusiasti si mostrava una gran bella donna capace di partorire, alzarsi e andarsene a casa col bebè, impeccabilmente truccata e pettinata, una duchessa vestita in un rassicurante stile tradizionale ma capace, nel tempo libero, di portare short e minigonne per rivelare gambe magnifiche, una mamma dolce e sorridente.

Inseguita dai fotografi come una preda al pari di Diana, Kate Middleton non ha mai ceduto al desiderio di fuga, al pianto, a gesti scomposti, a urla, generando la leggenda che fosse la regina stessa a darle lezioni di buone maniere.

Non era così. Da donna serena e progettuale, Catherine ha aspettato il tempo necessario per dedicarsi ai suoi progetti per l'infanzia e, più esattamente, perché il terzo figlio, Louis, fosse relativamente autonomo. Intanto si è goduta la sua famiglia. Fino all'arrivo di Meghan Markle.

Se infatti della Megxit si sa molto, meno si è indagato sull'impatto che l'attrice afroamericana e il suo irrompere come una bomba in casa Windsor ha avuto sul comportamento di Catherine, allora duchessa di

Cambridge, rasserenante moglie dell'erede al trono. Perché il ciclone Meghan le ha dato una scossa. E la Catherine che vediamo adesso è una donna che, a un certo punto, ha scelto di lasciare la propria comfort zone perché stufa di farsi mettere i piedi in testa.

1
Dalla Giordania a Buckingham Palace

L'asilo di Amman

Una delle basi dell'equilibrio di Kate è la sua infanzia spensierata e ricca di amore, così diversa da quella del marito. Kate Middleton è una bimba allegra che cresce in un ambiente sereno. Carole e Michael Middleton vanno d'accordo, dedicano alla famiglia il tempo libero e, dopo la prima figlia, ne avranno altri due, prima Philippa, detta Pippa, e poi James.

Papà fa il controllore di volo, mamma la hostess, ma si dimette per seguire i bambini e anche perché, nel frattempo, il consorte ha uno scatto di carriera che lo porta a vivere in Giordania. Decidono di non separarsi e, nel 1984, si trasferiscono in una villetta ad Amman, dove Kate viene iscritta all'asilo multietnico Assahera. Nella zona vivono famiglie arrivate dall'Europa o da altri continenti, oltre a molte abbienti famiglie giordane. La retta della scuola è cara, ma Carole – che il 6 settembre ha avuto Pippa – e il marito spendono volentieri per garantire alla bambina giochi e compagnia in un ambiente internazionale. Così, insieme all'inglese, la piccola parla anche qualche parola di arabo, la sua insegnante festeggia sia Natale sia il Ramadan in un clima di tolleranza religiosa e di scambio con bambini giordani e di altri Paesi.

I Middleton sono finanziariamente tranquilli ma non vivono di certo nel lusso. Sarà solo al ritorno in Gran Bretagna, nel 1987, che Carole Middleton fonderà l'azienda che li renderà talmente facoltosi da poter ambire alla migliore delle formazioni scolastiche per tutti e tre i figli, proseguendo il cammino iniziato con la scuola materna di Amman, quando sia la fortuna con la Party Pieces sia l'incontro con il principe William erano ancora lontanissimi.

Criticata dalla stampa, accusata di avere fatto scegliere alla figlia l'Università scozzese St. Andrews al fine (fantascientifico) di conoscere e farsi sposare da William, la signora Middleton ha insistito molto perché i suoi figli godessero di standard elevati in modo da garantirsi un futuro, pur essendo diventati ricchi. Niente gossip o comparsate in passerella o in tv per le figlie, entrambe con un fisico da modella, niente vita mondana o esposizione sociale, ma sport e studio. In sintesi, ritenuta da tutti la regista delle nozze col futuro re d'Inghilterra, la signora ha fatto esattamente il contrario di chi cerca un marito benestante per le figlie. L'antitesi della signora Bennet.

Bullismo?

Kate è una bimba tranquilla, brava a scuola e con un precoce interesse per gli sport, specie l'hockey, la passione di tutta la sua vita. Padre e madre la incoraggiano tifando a tutte le sue partite nonostante un lavoro molto impegnativo.

«Solo ora» ha detto anni fa «mi rendo conto di quanto si siano sacrificati, c'erano sempre, gridavano da bordo campo per incitarmi...»

Tra nuoto, corsa, arrampicate, passeggiate, gli anni passano sereni ma, nel 1996, arrivata alla Downe House School, nel Berkshire (una delle cinque migliori scuole del Regno Unito), la ragazza ha una battuta d'arresto. Forse è ancora timida, oppure è in crisi adolescenziale, peggiorata dal fastidio antiestetico dell'apparecchio per i denti, che non sopporta. Forse, ancora, è stata vittima di alcuni episodi di bullismo. Di certo non si ambienta e persino le abilità sportive, sua maggiore risorsa, non le sono d'aiuto, anzi sembrano essersi dissolte.

Secondo alcune testimonianze, le compagne di classe, già insieme da alcuni anni, non accettano volentieri la nuova arrivata. Socievole e gentile, Catherine viene esclusa da tutto, isolata e snobbata, ma non ha ancora la pelle abbastanza dura per infischiarsene. Si spegne, non ride più.

A quattordici anni sentirsi brutta, respinta e non riuscire a fare amicizie può essere devastante e danneggiare anche un carattere equilibrato come quello della futura principessa di Galles, non abituata a un simile trattamento.

Padre e madre se ne accorgono. Preoccupati, aspettano due trimestri e poi intervengono e la spostano al Marlborough College, nel Wiltshire, dove invece si ambienta subito. Sboccia e diventa presto una delle «belle» della scuola.

Dell'esperienza, però, farà tesoro imparando a non farsi mettere i piedi in testa. Solo quando sarà incinta e con Louis di pochi mesi, le capiterà di nuovo di essere ignorata e disprezzata come alla Downe House School. Da Meghan. Incredula e frastornata, ci metterà del tempo a reagire.

Prima di William

La giovane che arriva all'Università scozzese St. Andrews per seguire i corsi di Storia dell'Arte è la donna con la migliore istruzione superiore che sia mai entrata in casa Windsor. Si è diplomata alla Marlborough col massimo dei voti, poi si è concessa un anno sabbatico per trascorrere tre mesi in Italia (quale meta migliore se non Firenze, la patria del Rinascimento?), aggiungendo un po' d'italiano alla lingua madre, e un periodo in Cile, dove ha appreso un po' di spagnolo.

Ama talmente il mare da aver fatto la cameriera a bordo del *Round the World Challenge* a 40 sterline al giorno. Sa dipingere, sa fotografare, ed è decisa a specializzarsi ai massimi livelli. Ha avuto due fidanzati che non hanno lasciato traccia, Harry Blakelock e Willem Marx, ma al momento dell'iscrizione è concentrata su sé stessa e sul suo futuro.

Il volto è giovane e piacente, ma quello che Catherine ha di splendido sono il fisico alto, snello, ben scolpito dallo sport e la folta chioma di capelli, che la regina

Elisabetta – mai molto tenera – definirà «un mantello regale».

Il carattere è quello di sempre, grande spirito di adattamento, eccellente controllo delle emozioni, una lieve timidezza, molta riservatezza.

Ma la domanda è: si è iscritta al St. Andrews per farsi sposare da William, la ragazza figlia della *middle class* dal corpo da top model?

Si tratta di una tesi che piace molto, perché unisce il pettegolezzo alla congiura di una madre astuta e cuce addosso a Carole Middleton una volta di più i panni del famoso personaggio di Jane Austen, disposto a tutto pur di accasare le sue cinque figlie. Ma è falsa.

«Mi dispiace per chi ci ha creduto» ha detto Kate in una delle sue poche dichiarazioni personali «ma da ragazza non ero cotta di William e non avevo il suo poster sul letto. Mi piaceva invece il tizio che faceva la pubblicità della Levi's.»

Inoltre, quando Kate decide di studiare in Scozia, William non ha ancora scelto se andare a Cambridge o Oxford e non ha chiaro nemmeno quale indirizzo prendere. I due si conoscono lontanamente – le ragazze del Marlborough si incontravano con i giovani dell'Eton College frequentato dal figlio di Diana – ma non si vedono se non a qualche festa o a qualche evento.

Sono gli inizi del Duemila.

William sta passando un periodo di grandi tentennamenti, non vuole farsi vedere in giro, si iscrive alle lezioni come William Wales alla ricerca di un po' di privacy, mentre Catherine è sbocciata, solare, serena e, quando lui, tentato dall'idea di abbandonare gli studi, non riesce a ingranare, sarà lei a dargli una mano. L'amore però è lontano.

Kate è piuttosto sgobbona, brava, ben ambientata ma, se William sta cercando la sua strada negli studi, anche lei ha solo una traccia in mente di quello che vuole fare nella vita. Arte, sport, lingue. Tutte belle cose in cui è particolarmente versata ma la giovane non sa bene a quale disciplina o attività votarsi. Di certo non pensa di diventare principessa di Galles né si sente portata per la vita sotto i riflettori e neanche per quella nella City.

A mamma Carole non somiglia: non è energica e di affari si intende poco. Prendere le redini dell'azienda di famiglia non è nel suo dna. Mentre lo è la maternità, lo sono i bambini. Quando ci riflette (non spesso perché è una ragazza spensierata), ha perfettamente definita in testa l'idea della famiglia che vuole: identica alla sua d'origine.

Amore e pentole

A riprova che Kate non si è «fatta sposare» dal figlio del re d'Inghilterra, ci sono gli episodi che entrambi – e i loro amici – hanno narrato. Come si diceva, i due frequentavano gli stessi ambienti studenteschi, ma la conoscenza diretta dell'allora numero due nella successione al trono intimidì non poco la ragazza commoner.

«Credo di essere diventata completamente rossa» ha dichiarato Catherine in un'intervista televisiva, alcuni anni fa «mi imbarazzava molto incontrarlo.»

Con tutta evidenza, il disagio fu superato e i due diventarono prima amici e poi una coppia, a seguito – lo ha reso noto William – della celebre sfilata di Kate in biancheria di pizzo nero (con i tempi che corrono, abbastanza da educanda), più che coperta, svelata da un négligé nude look.

Gli amici comuni coprirono per anni la storia rispettando la loro volontà, li aiutarono a trovare la casa in cui coabitarono nei primi tempi, in compagnia di un amico, e a nascondersi dalla stampa, che per un po' non fiutò nulla. William stesso ha però raccontato che, mentre cercava di conquistare la futura moglie dando prova di abilità culinaria, gli andava male tutto: il pollo bruciava, l'acqua per la pasta fuoriusciva dalla pentola, le uova erano immangiabili. Toccava poi a Kate risistemare tutto e provare a imbastire una cena decente con grande avvilimento del cuoco provetto e risate dei compagni di studio. Una sola ricetta del giovane principe è passata alla storia, quella del ragù alla bolognese, finita in un libro di cucina i cui proventi sono stati versati a un ente benefico da lui patrocinato: The Passage.

Clandestini contenti

Il giovane principe che si innamora della bella compagna è tutto tranne che un ragazzo felice. Ha un discreto equilibrio, a differenza del fratello, ma l'infanzia difficile e la tragica morte della madre lo hanno segnato. Odia la stampa cui la madre lo ha esposto troppo fino a rendergliela insopportabile e la ritiene in parte colpevole dell'incidente dell'Alma. La sua grande paura? Di perdere Kate come gli è successo con Diana, stritolata nel meccanismo infernale che aveva contribuito a creare.

Diversamente da Harry, che non aveva notato la complicità tra la loro madre e i paparazzi, soprattutto durante l'ultima crociera in yacht con Dodi Al Fayed, William sa bene che Diana cercava la stampa per premere contro Carlo o dare la propria versione nella Guerra dei Galles. Sa anche di esservi stato coinvolto. E cerca amici e fidanzate bene attenti a stare lontani dai flash, che facciano del riserbo la loro missione. Con le due prime fidanzatine – Carly Massy-Birch e Arabella Musgrave – gli è riuscito, ma con Kate?

In poco tempo si rende conto che, dal punto di vista della riservatezza, ha vinto un terno al lotto. Kate è precisamente come la vuole lui: parla poco, non vuole comparire. È brillante, sicura di sé e conciliante; non ha bisogno che ogni apparizione pubblica susciti ammirazione e invidia. Anche nel carattere è l'esatto contrario di sua madre: non ha sbalzi d'umore, non urla, non piange, non sbatte le porte, ma è ugualmente affettuosa, come già ricordato. Un porto sicuro dopo anni di difficoltà e solitudine.

Inoltre, ha una qualità che William ha notato e apprezzato in Camilla, la moglie del padre, che non ama ma rispetta. È leale. Se si offende e arrabbia, non lo dice alla stampa ma chiarisce personalmente con Carlo. William respira di sollievo per circa due anni, finché la notizia non trapela e Kate finisce sotto assedio.

La colpevole della fuga di notizie è Carly, l'ex ragazza di William, che una sera, un po' brilla, se la lascia scappare. La stampa, che da anni non cerca altro, si scatena. Siamo nel 2003: inizia un balletto di smentite che finirà solo con le giuste nozze anche se, dopo la crisi del 2007, la rottura e la riappacificazione, tutto il Regno Unito sa che la signorina Middleton ha messo una seria ipoteca sul trono d'Inghilterra. E Buckingham Palace si stufa di negare.

Ti presento i miei

La mattina del maggio 2003, in cui paparazzi e reporter assediavano la casa di Kate, un imbarazzato Michael Middleton sulla porta nega ogni relazione tra la figlia e il principe con l'abituale frase «sono solo buoni amici» tanto abusata anche per Carlo e Camilla e tanto fasulla. E basta.

Negli anni successivi la voce del signor Middleton risuonerà pochissime volte e solo nelle occasioni indispensabili, come quella in cui lui e la moglie dovettero imbastire qualche parola di circostanza per i giornalisti entusiasti che chiedevano loro frasi memorabili sulle finalmente annunciate nozze della figlia col futuro re d'Inghilterra.

Nel frattempo, silenzio e riservatezza. A distanza di due anni dall'assedio, rivedremo la coppia solo in occasione della laurea della figlia e del futuro genero, quando la storia tra i due ragazzi era diventata piuttosto solida e nota e i media iniziarono il linciaggio della signora Middleton, sorpresa – un aneddoto a caso – a masticare chewing gum mentre la figlia discuteva la tesi. Che caduta di stile, si affrettò a criticare il parrucconissimo ambiente di Buckingham Palace! Carole, in realtà, cercava solo di liberarsi dalle sigarette grazie a un preparato alla nicotina e, nello stress di quelle giornate, non riusciva a farne a meno, pena l'impulso di aprire un pacchetto e fumarselo intero. Malgrado la necessità, non fu mai perdonata.

Anche in questo caso, i genitori di Kate sorrisero con educazione ma senza aprire bocca. Perché, come William, come la figlia, erano e sono rimasti estremamente riservati. Una qualità molto apprezzata dal principe William fin da subito, quando andò a trovare Kate da semplice amico in quella casa di Bucklebury che tanto avrebbe fatto scrivere i tabloid. Perché nuova, perché diversissima dalle dimore avite dei pari d'Inghilterra. Perché lussuosa ma inesorabilmente commoner.

La costruzione in cui William entra per la prima volta è ampia, moderna, arredata con agio altoborghese ma senza neanche il quadro di un antenato a ravvivare le scale o un'armatura esposta in un angolo. In compenso, per la prima volta in vita sua, l'orfano di Diana vede e tocca con mano come vive una vera famiglia dove si va d'accordo e ci si ama.

Di sicuro William era consapevole del buon accordo tra la regina e il duca, che comunque erano due nonni affettuosi e presenti, considerando la loro posizione, ma tutto il resto attorno a lui era fatto di macerie. A parte il disastro pubblico dei suoi genitori, aveva visto il divorzio degli zii Anna e Andrea, e le disavventure matrimoniali del conte Spencer. Senza contare liti, malumori, ripicche, gelosie. E improvvisamente davanti a lui si aprivano le porte del Mulino Bianco. I Middleton si volevano bene, andavano d'accordo tra loro ed erano solidali l'uno con l'altro in caso di avversità. La signora Middleton era una madre estremamente presente e si occupava della famiglia senza sentire l'esigenza di esporre alla stampa il suo nuovo patrimonio o la bellezza delle figlie, come avrebbe fatto Diana.

Pur adorato dalla madre di cui aveva una nostalgia lacerante, varcando la porta dei futuri suoceri, William entrò in una dimensione sconosciuta che lo conquistò ancora prima del fascino di Catherine: quella dei piccoli pensieri reciproci, della cucina del piatto preferito, dell'accudimento affettuoso. In occasione del suo compleanno, gli arrivava una torta casalinga tutta per sé, i genitori di Catherine si informavano se avesse freddo, caldo o bisogno di qualcosa, mostravano interesse per la sua salute e si preoccupavano se non stava bene. E se si tratteneva da loro la sera, poteva stare con gli altri a chiacchierare, a giocare a carte o a vedere la televisione in compagnia. Altrimenti si isolava e loro rispettavano la sua privacy. Non poco per un ragazzo che da quando era bambino passava la gran parte delle sere con la tata e il maggiordomo, mangiando da solo in una stanza enorme e desolata o al massimo col fratello, una realtà solo peggiorata con la morte di Diana.

Se Kate ha sempre avuto chiaro di volere una famiglia uguale a quella di origine, William non aveva idea di cosa fosse un nucleo familiare non devastato finché non ha incontrato quello dei suoceri, dove ha trovato pace e conforto, sensazioni dimenticate da quel tragico agosto del 1997.

Un delicato omaggio a loro e alla loro solidarietà lo troviamo nel video diffuso da Catherine per annunciare al mondo la remissione della sua malattia. Video dove non ci sono i saloni del Castello di Windsor a ostentare sfarzo e bellezza, ma si vede il soggiorno della casa di Bucklebury – una stanza ampia ed elegante, non il tinello proletario descritto dai tabloid – dove i nonni giocano a carte con George, Louis e Charlotte vincendo, perdendo, divertendosi e godendo della reciproca compagnia.

Il che non vuol dire che l'altro nonno, occupato a fare il re d'Inghilterra in età da pensione, non voglia bene ai nipotini. Tutt'altro. Ma forse non sa farli divertire o intrattenere. Per ovviare fa loro regali come alberi rari, innervosendo non poco William.

Così il principe Louis, poco dopo Natale, lascerà sotto l'albero una letterina proprio ai nonni borghesi con la scritta «Grazie per avere giocato con me» tra la commozione di tutti e, ovviamente, dei signori Middleton. Che non avevano mai passato un anno peggiore del 2024: Catherine si era ammalata e avevano temuto per la sua vita, Carole aveva dovuto assisterla a lungo, Michael era stato a sua volta improvvisamente operato e la moglie aveva dovuto dividersi tra due capezzali. E poi c'era stato William da sostenere, i bambini da distrarre e una leale preoccupazione anche per la salute di re Carlo. Un anno da dimenticare, rallegrato dalla tenerezza del piccolo. E da un gesto insolito.

L'omaggio di William

Da quando si è diffusa la notizia della relazione tra Kate e William, i giornali inglesi si sono interrogati su Carole Middleton, guardandola dall'alto in basso e trattandola in maniera offensiva. L'hanno chiamata «armare gli scivoli» per ribadire i suoi inizi da hostess, dove svolgeva un lavoro manuale (cosa evidentemente infamante per la snobbissima stampa d'Oltremanica), hanno sostenuto che fosse la regista del matrimonio della figlia e, soprattutto, che avesse stregato il principe William, attaccato a lei quasi quanto alla moglie.

William non è espansivo e neanche particolarmente comunicativo: parla attraverso le cose che fa. E la sua sistematica frequentazione dei suoceri, le vacanze in loro compagnia, la considerazione che ha per Carole, specie per quanto riguarda i bambini, sono diventate palesi a mano a mano che sono nati George, Charlotte e Louis.

La svolta, in un rapporto già piuttosto buono, è venuta con la prima gravidanza di Kate. Perché è grazie a Carole Middleton se la giovane non ha perso George all'inizio della gestazione quando soffriva di iperemesi gravidica e i medici di Palazzo non sembravano particolarmente preoccupati. In sintesi, non le prescrivevano il riposo.

Una mattina, dopo giorni in cui la figlia, rifugiata a casa sua, non riusciva neanche a trattenere l'acqua nello stomaco, Carole ruppe gli indugi. Aveva avuto tre gravidanze e per nessuna era stata così male. Dopo giorni senza miglioramenti, la signora temeva per la figlia e il nipotino.

Il Palazzo non interveniva? Ci avrebbe pensato lei. Rapida, fece due telefonate: una a Buckingham Palace per avvertirli di quanto aveva intenzione di fare, cioè portare la figlia a un pronto soccorso, l'altra per chiamare l'ambulanza. Catherine arrivò in ospedale tallonata dalla security dei reali, per essere ricoverata d'urgenza e messa sotto osservazione tra l'indignazione del Palazzo, che non gradiva la fastidiosa pubblicità, e la felicità dei tabloid, che fino a poco prima non sapevano nulla della gravidanza reale e per i quali si apriva una cornucopia di notizie.

Mentre l'ambulanza correva, un imbarazzato William spiegava tutto alla regina irritualmente all'oscuro della vicenda (di fatto, le gravidanze reali si annunciano per prima cosa al sovrano e poi al resto del mondo), ma le condizioni a rischio di Catherine richiedevano per forza un intervento tempestivo prima dei canonici tre mesi dopo i quali la notizia viene resa pubblica.

Buckingham Palace fece il suo annuncio di prammatica e Kate uscì dalla clinica dieci giorni dopo, ormai fuori pericolo, nel tripudio popolare.

Tradizionalmente le gravidanze reali o rimanevano ignote fino a pochi giorni prima del parto o, quando note, erano perfette. La regina Elisabetta ha sempre solo annunciato la nascita dei suoi figli né sono note al pubblico immagini in cui si veda nettamente – al massimo si può intuire – il pancione. Anna, Diana e Sara avevano avuto gravidanze abbastanza tranquille. Solo la duchessa di Edimburgo, Sophie, aveva avuto un distacco di placenta cui era seguito un cesareo d'urgenza, ma si era saputo a cose fatte. Ecco invece la commoner soffrire del più banale dei disturbi: la nausea in gravidanza. Gli aristocratici arricciarono il naso. La gente comune, invece, le fu solidale, specie le donne – moltissime – che avevano avuto lo stesso fastidio la capirono e le inviarono lettere, bigliettini di conforto e peluche per il nascituro. La famiglia reale, visto il rischio evitato grazie alla sollecitudine di mamma Carole, perdonò la plebea iniziativa. Per William fu la consacrazione della suocera tra le persone più care e vicine.

Per anni Carole Middleton ha tenuto i principini quando erano malati e Catherine non voleva che stessero soli, è corsa di notte quando la figlia aveva bisogno del suo sostegno perché la febbre di uno di loro era troppo alta, ha portato i nipoti in vacanza, li ha fatti giocare, curati. E così ha fatto con la figlia, la cui malattia l'ha segnata profondamente.

Ne ha tratto forse benefici? Non crediamo proprio. La famiglia Middleton ha pagato parte delle spese nuziali di Kate, non ha avuto alcun vantaggio sociale dalle nozze, anzi è stata additata al pubblico ludibrio, come se essere borghesi fosse un reato, e ha perso la propria privacy. Si è sentita dire di tutto. Però, a maggio del 2024, a un Royal Ascot durante il quale Catherine era ancora in chemio così come re Carlo, Carole ha ricevuto una rara manifestazione di affetto da parte di William, uomo poco espansivo e piuttosto ingessato.

I coniugi Middleton erano arrivati in una bella giornata, entrambi palesemente provati dai mesi precedenti, Michael dimagrito e sciupato (non si è mai saputo per che cosa sia stato operato e dove, ma lo è stato di certo mentre la figlia curava il tumore) e lei correttissima ed elegante, ma stanca e col sorriso tirato. Forse insieme per la prima volta a un'occasione pubblica importante dalla malattia di Catherine.

Dato il tappeto erboso soffice, ecco il tacco della signora restare incastrato nella terra e Carole ritrovarsi scalza e instabile, senza che il marito convalescente avesse la forza di sostenerla. È accorso William, che con un braccio l'ha tenuta in piedi, il tempo necessario per recuperare la scarpa e tornare in ordine. Le immagini fotografiche rendono molto bene l'affetto tra i due, la gentilezza del principe e il caldo sorriso di ringraziamento della suocera.

I tabloid hanno dovuto rassegnarsi: dopo la morte della madre William ha trovato un valido aiuto, cure e sostegno, oltreché nella moglie, in questa ex hostess che non ha mai rivelato nulla su di lui alla stampa o preteso qualcosa, ma lo ha appoggiato concretamente e in silenzio fin dall'inizio della sua love story e poi nell'anno peggiore della sua vita. Non è poco.

Il giovane William

Dopo la morte della madre, William ha poche certezze: cerca pace, famiglia, una donna riservata che lo metta davanti a tutto e a tutti. La vita familiare che ha vissuto con padre e madre sempre in lotta per mettere in ombra o in cattiva luce l'altro lo ha profondamente disgustato e l'ultima cosa che vuole è una donna con la quale l'odioso meccanismo si possa riproporre.

L'incidente dell'Alma ha fatto passare in secondo

piano le discussioni tra la principessa del popolo e il figlio adolescente, furioso per essere sovraesposto, per le confessioni televisive (il ragazzo, per esempio, aveva appreso dalla celebre intervista televisiva della madre a Martin Bashir per *Panorama* che James Hewitt, da lui considerato un buon amico, era stato l'amante della madre), per i servizi fotografici non richiesti. Insomma, ha fatto dimenticare la ribellione adolescenziale del principe verso gli eccessi materni, incluso l'ultimo, la vacanza con Dodi Al Fayed, non tollerato da William.

Ma se il lutto ha coperto con il dolore e il rimpianto il fastidio adolescenziale degli ultimi anni con Diana, non ha potuto cancellarlo, rendendo complicato il carattere del ragazzo. William tende agli scatti di rabbia (come sua madre, come suo nonno Filippo), è invidioso del successo degli altri familiari, ha paura di rifare gli errori che hanno portato allo sfascio il matrimonio dei genitori.

Pur mal sopportando Camilla, si rende conto che la resilienza, la lealtà e la mancanza di competizione nei confronti del padre che ha sempre dimostrato sono elementi importanti per la loro vita di coppia e più in generale per la solidità matrimoniale. Inoltre, padre e madre, per una volta della stessa opinione, gli hanno inculcato l'idea di non fare passi affrettati, di non sposarsi, come loro, dopo pochi mesi di conoscenza.

E poi c'è la commoner: silenziosa, riservata, affettuosa, ma quanto di più diverso da Diana si possa concepire. Lady D soffriva di problemi alimentari, di ansia, di depressione. Kate è sana, sportiva, allegra. Del tutto estranea al suo ambiente. E se, arrivata a Buckingham Palace, facesse la fine della madre cadendo in una spirale di malessere senza via di uscita?

William rimugina: la relazione è felice ma lui è incerto. Così il fidanzamento durerà dieci anni.

Da compagna a duchessa

Dai banchi dell'università fino al sì nella cattedrale di Westminster nel 2011, William e Kate hanno (quasi) fatto la vita di due fidanzati qualsiasi. Una cosa impensabile per Carlo e Diana o per qualsiasi altro fratello dell'attuale re, eccezione fatta per Edoardo, e dettata proprio dall'esempio catastrofico dei precedenti matrimoni.

Nel 2011 tutti i protocolli vittoriani di Buckingham Palace, dalla pretesa della sposa vergine, al divieto di viaggi e convivenza, all'obbligo – per lei – di vestire secondo le regole dettate dalla regina, sono saltati redendo più semplici le cose per Catherine. Ma non semplicissime.

E se William non si risolveva a portarla all'altare, lei stessa era indecisa di cosa fare della sua vita. Catherine non sapeva che lavoro svolgere, in quale campo applicarsi, a quale carriera aspirare, tanto che persino la regina – dopo la crisi del 2007 in seguito alla quale Kate iniziò ad avere un ruolo semiufficiale nella vita pubblica del fidanzato – spiegò al nipote che per il Palazzo le cose sarebbero state più facili da comunicare se lei avesse avuto un lavoro, vale a dire qualcosa che le desse un'identità diversa dall'essere solo la fidanzata di William. Insistette ma con pochi risultati.

Con buona volontà, Kate prima si impegna per l'azienda di famiglia, poi come buyer di accessori per Jigsaw – la catena d'abbigliamento dell'amica Belle Robinson – ma, in realtà, non sentiva stimoli o pulsioni lavorative dentro di sé. Non voleva lavorare, insomma, desiderava soltanto una casa e dei figli: una donna tarata su un'altra epoca rispetto alla madre e a Diana. Più simile a Camilla, sempre un passo indietro al marito ma sempre in allerta per spianare questo o quel problema. Nella sua vita, il lavoro era William, bisognoso di appoggio, di cure, di compagnia. Il suo interesse per l'arte, le lingue, lo sport restavano sullo sfondo del maggiore dei suoi impegni: il fidanzato. La spinta che l'avrebbe portata al coinvolgimento in prima persona e all'accettazione piena della prima linea era ancora molto lontana. E, senza Meghan, probabilmente non sarebbe arrivata mai.

Una brunetta titubante

Dal giorno della rivelazione della relazione con William in poi, le immagini di Kate sono migliaia: sempre composta, sorridente, abbigliata nel modo giusto, ben truccata e pettinata. Spesso i fotografi la provocavano per farla scattare di rabbia e strapparle così un'immagine inconsueta. Le urlavano «puttana» o «cagna», cosa che faceva sempre saltare i nervi a Diana, facile a crisi di pianto, mentre lei non batteva ciglio e sorrideva neanche l'avesse allevata la regina Elisabetta in persona. Nessuno, però, ne immaginava il potenziale perché la sua discrezione era assoluta, così come comune, assolutamente comune, era la vita che mostrava all'esterno quando William era via: lavoro, shopping con la madre o la sorella, qualche presenza ai match sportivi. Possibilmente senza farsi notare, una cosa che la suocera non avrebbe mai accettato. Per esempio, se Diana ha amato molto nuoto e ginnastica e ci sono varie foto di lei ai bilancieri o in piscina, non esistono immagini di Kate che fa jogging la mattina. Abitudine che è sempre riuscita a tenere nascosta per anni, finché non l'ha rivelata sul suo podcast, The Good, the Bad & the Rugby, l'ex campione della specialità Mike Tindall, marito di Zara Phillips, figlia della principessa Anna. Una capacità di sfuggire alla stampa da campionessa.

Quando William non c'era, Harry le faceva da cavaliere scherzando e ridendo con lei per alleviarle la durezza dei primi incontri con i Windsor. Ed è questo uno dei motivi che, all'arrivo di Meghan, ha fatto litigare i due fratelli. Harry si è speso molto e generosamente con la cognata per anni e sperava nello stesso appoggio da parte del fratello per introdurre Meghan in famiglia. Cosa che non è avvenuta aggravando le tensioni.

I media erano divisi su Kate: alcuni la approvavano, altri non facevano che sottolinearne le origini borghesi. Tutti, però, si resero presto conto che una sua foto faceva volare le vendite e che i suoi outfit spopolavano. Catherine indossava con la stessa nonchalance abiti di marchi celebri, prevalentemente inglesi, così come articoli low cost. In ogni caso, dopo averli visti su di lei con quel fisico da top model, le ragazze correvano a comprare scarpe, giacche, tutto quello che le vedevano addosso, facendo esaurire le scorte dei negozi in poche ore, un fenomeno che dura tuttora.

Per la felicità del Palazzo, il gossip sulla coppia era quasi insussistente: qualche foto con William a sciare oppure fuori dai locali alla moda londinesi, di rado un po' alticci. Per il resto c'era solo la preoccupazione che i paparazzi finissero per provocare qualche incidente mentre la inseguivano, ma assegnarle una guardia del corpo prima dell'entrata in famiglia era virtualmente impossibile. La security dei reali è pagata dai contribuenti e non si poteva estenderla a qualcuno che non era ancora parte della famiglia. Né si sapeva se lo sarebbe mai diventato, anche se nel 2005, dopo la laurea, i suoi genitori erano stati presentati alla regina (che da tempo aveva mangiato la foglia) e lei stessa era ospite delle varie residenze regali.

Ma William non si decideva, temeva di fare l'errore di suo padre, di legarsi troppo presto, di non godersi la gioventù. Catherine aspettava, anche lei con le idee poco chiare, protetta dal clan familiare. A differenza di William, aveva un ambiente solido alle spalle e, già da giovane, molta pazienza. Capiva i dubbi del fidanzato, ma solo verso il 2006 iniziò a domandarsi che sorte la aspettasse. Perché il rischio di finire nel dimenticatoio era concreto, come quello di essere ricordata come un piacevole amore giovanile, ormai passato.

L'università li aveva protetti ma al termine degli studi la vita di tutti i giorni aveva fatto capire subito a lei le difficoltà di essere la ragazza del miglior partito d'Inghilterra e a lui il peso di un legame stabile a venticinque anni. Il 2006 fu un anno di passaggio, la relazione iniziò a scricchiolare pericolosamente, ma la crisi scoppiò solo l'anno dopo. E la brunetta dolce seppe giocare molto bene le sue carte.

La separazione

Dopo la fine degli studi, Catherine non aveva le idee chiare (ma godeva e gode di un sistema nervoso eccellente) sul futuro e William non reggeva le pressioni che gli arrivavano dalla famiglia e dai media. Ogni loro passo era fotografato e commentato, la pace del St. Andrews era scomparsa. Il nervosismo di William aumentava. Gli elementi per saltare per aria c'erano tutti.

Il principe era divorato dalla paura di finire come suo padre, obbligato a sposare Lady Diana Spencer schiacciato dal volere dei Windsor e dall'entusiasmo della stampa. Nel maggio del 2006, l'evento che diede la stura alla crisi peggiore della coppia (ne avevano affrontate altre da studenti, ma nessuna era stata così grave).

Catherine, William e Harry furono fotografati in grande spolvero al matrimonio di Laura Parker-Bowles, la figlia di Camilla, con Harry Lopes. Accanto a loro, il futuro re Carlo con la moglie Camilla e Lady Sarah Chatto, figlia della principessa Margaret e nipote della regina.

Ai media bastò per dare per certe le nozze e William, ancora molto fragile, cominciò a sentirsi incastrato e a iniziare a diradare gli incontri con Kate, che ne soffriva ma non riusciva a farsi le sue ragioni, continuamente rimpallata da scuse aventi come oggetto gli incarichi nell'esercito.

A Capodanno la rottura definitiva: William decise di passare altrove la serata invece che dai Middleton che lo avevano invitato come facevano da anni e non andò il 9 gennaio alla festa per i venticinque anni di lei. Poi la lasciò per telefono nel peggiore dei modi, facendosi fotografare qualche giorno dopo a fare baldoria in discoteca attorniato da ragazze mentre urlava «sono libero», anche a causa di qualche bicchiere di troppo.

Da casa Middleton silenzio su tutta la linea, come quando i ragazzi stavano bene insieme e come sarebbe stato in futuro dopo le nozze che, in quel momento, parevano impossibili.

La regina era stata avvertita, la rottura appariva definitiva, Kate era uno straccio, ma Carole e Michael non erano persone da piccole vendette a mezzo stampa o da biografie pagate a peso d'oro (a Catherine un tabloid arrivò a offrire una cifra da capogiro, cinque milioni di sterline, per le sue memorie). Erano dispiaciuti ma soprattutto preoccupati per la desolazione che vedevano negli occhi della ragazza e si sentivano offesi per come era stata liquidata dopo ben cinque anni di relazione.

A differenza di quanto riportato spesso dalla vulgata, i Middleton non erano entusiasti delle eventuali nozze reali, perché consapevoli dei sacrifici che il nuovo status avrebbe imposto alla ragazza. E, dopo la telefonata della rottura, erano proprio arrabbiati con William per come l'aveva trattata: un giocattolo da buttare via. In passato, avevano avuto paura che la figlia finisse come Diana: incastrata in un matrimonio giovanile e infelice, adesso il loro obiettivo era far tornare il sorriso sul volto dell'ex fidanzata reale.

Mother and sister

Nei momenti complessi o difficili della vita, Catherine si fida solo della madre e della sorella Pippa. Che, indignate, corsero in suo aiuto e per qualche giorno la portarono in Scozia per sottrarla ai paparazzi che la inseguivano. Poi formularono un piano ben chiaro. Primo, Catherine doveva smettere di stare accanto al telefono a piangere. Secondo, invece che rimuginare nella beata ma solitaria campagna, era bene portarla a Londra riaprendo la casa di Chelsea.

Pippa si incaricò dell'opera di restauro: lampade per cancellare le tracce delle occhiaie dovute al pianto, parrucchiere, ottimo trucco, minigonne molto corte, top attillati, feste tutte le sere. Se William pensava che la ex sarebbe rimasta a casa a singhiozzare, beh, avrebbe dovuto ricredersi.

Così le due sorelle diedero il via ad alcuni mesi di cene e party, puntualmente riportati dalla stampa a beneficio di un William che, lungi dal godersi la libertà, era sempre più impegnato con la Raf. Nel tempo libero leggeva continue illazioni sull'eventuale nuovo amore di Kate, che vedeva in foto ballare con vari amici e si rodeva. Perché quella delle foto era una Kate del tutto dimentica di cappellini e orli al ginocchio, abbigliata in maniera sexy, abbronzata e al massimo del suo splendore. Goffamente, da vero diseducato sentimentale, cercò di contattarla con qualche telefonata incassando svariati rimpalli.

Il perdono

La separazione da William è stata uno dei punti di svolta della vita della commoner destinata a diventare regina.

«Di certo mi ha reso più forte» ha detto una volta in un raro momento di confidenza pubblica.

Aveva sofferto molto. Si era fidata ciecamente, aveva dato, aiutato, compreso con la forza dell'amore giovane. Ed era stata liquidata per telefono dopo una relazione durata ben cinque anni.

Questa volta non c'era solo da capire William e scusarlo come aveva sempre fatto, sorvolando sul carattere complesso, gli attacchi d'ira, i lati viziati del suo temperamento. C'era anche da riformulare la propria vita in modo che esperienze simili non le accadessero più, con o senza il principe. Lei si vedeva come persona comprensiva, ma non per questo indecisa o priva di personalità. Una donna da non prendere alla leggera solo perché non fa scenate o non batte i pugni. Non solo, c'era un altro motivo, più forte: a venticinque anni, Catherine voleva un futuro. Se William fosse stato disposto a impegnarsi, la loro storia sarebbe potuta andare avanti, altrimenti non si trattava di certo dell'unico ragazzo d'Inghilterra.

Per la prima volta in vita sua, Catherine puntò i piedi: cinque anni di love story non sono un attimo. Impose quindi a William una sorta di aut aut: o impegno o cordiale amicizia. Il giovane poteva stare tranquillo: lei non era donna da memoriali, scandali, confessioni pruriginose buttate in pasto ai media e tantomeno una da pianti e scenate pubbliche, ma neanche un'oca da prendere e lasciare a seconda dell'umore. Così lo tenne a bada con fermezza e disinvoltura.

Lui non c'era abituato: sapeva tutto dell'emotività femminile avendo trascorso l'infanzia con una madre campionessa di pianti, scenate e ricatti affettivi. Era invece molto poco esperto su come affrontare una fidanzata offesa ma anche molto concreta. In quella fase della loro vita – entrambi si ritenevano troppo giovani per il sì – Catherine non pretendeva il matrimonio ma un impegno serio. Sapere se era davvero il centro dei suoi affetti o un porto sicuro per i giorni difficili, da abbandonare in quelli di bonaccia.

A farli incontrare nuovamente fu una congiura degli amici di William, stufi di tollerarne il malumore o alleviarne la tristezza. Prima li invitarono separatamente a una festa in maschera, dove i due si rividero per la prima volta dalla celebre telefonata. Poi Harry, probabilmente a sua volta spazientito di offrire sistematicamente al fratello una spalla su cui piangere, ruppe gli indugi e trovò modo di invitare Catherine e i suoi fratelli Pippa e James al concerto per il decimo anniversario dalla morte della principessa Diana. Quindi li fece accomodare strategicamente due file dietro a William. Kate gli apparve al meglio della forma fisica, ancora più sexy del solito, ma seduta accanto al fratello James e alla zia di lui Lady Jane Spencer, cosa che impedì al principe incerto di farsi avanti come sperava. La strada, però, era aperta: i giovani si chiarirono e poi andarono in vacanza insieme, meta romantica le Seychelles. Le nozze erano lontane e non ancora decise, ma la volontà di ricostruire la coppia assolutamente certa. Stabilirono anche di farsi vedere il meno possibile: i media ancora una volta, si erano dimostrati pericolosi per il loro equilibrio.

Per il sì i Windsor dovettero aspettare altri cinque anni. Le nozze, ponderate e fissate di comune accordo, avvennero il 29 aprile del 2011 a Westminster Abbey. A fare felici media e inglesi, in occasione del fidanzamento ufficiale, il dono alla commoner del grande zaffiro, l'anello di fidanzamento di Diana. Un gioiello simbolico, segno di continuità familiare.

Catherine lo sostituirà solo molti anni dopo con un *eternity ring* di brillanti e zaffiri, regalo altrettanto significativo di William durante la chemioterapia.

2
Vita da mamma

L'apprendista

La regina e il principe Filippo avevano imparato amaramente la lezione. I figli andavano lasciati liberi di sposare chi volevano e di vivere a modo proprio, pena catastrofi di ogni genere.

I tre divorzi di Carlo, Andrea e Anna avevano insegnato alla sovrana che, al di là del necessario addestramento per gli impegni pubblici, l'idea vittoriana di poter plasmare le nuore – specie la moglie dell'erede al trono – era ormai inattuabile, superata dai tempi.

L'eventuale divorzio di William, secondo nella linea retta, però, sarebbe stato un disastro, la conferma per i detrattori della corona della mancanza di integrità dei Windsor. Un divorzio può accadere, il quarto su cinque matrimoni avrebbe rinfocolato all'infinito la querelle sulla famiglia, sulla loro lontananza dal mondo, sul loro modo superato di vivere.

Elisabetta era spaventata, motivo per cui accolse la commoner nel modo più tranquillo possibile. Un secondo caso Diana non doveva accadere: niente lezioni di etichetta o dizione, niente visita per appurare la verginità o la capacità riproduttiva, niente apprendistato a Buckingham Palace. A Catherine fu affiancata Lady Susan Hussey – dama di compagnia della regina, amica dell'allora principe Carlo e già guida di Diana – affinché le fornisse una preparazione basica: l'uso imprescindibile delle calze, quando indossare il cappello, quando portare i capelli raccolti, il divieto di accettare regali. Le norme generali su *curtsy* e inchini, la gerarchia di corte e poco altro.

Per il resto alla coppia fu dato un «bonus» di due anni di calma – simili a quelli che Elisabetta e il principe Filippo si erano concessi a Malta all'inizio del loro matrimonio, quando era ancora vivo Giorgio VI, anni che consideravano i più belli della loro vita comune. Avrebbero lavorato «a chiamata», in modo di stare in pace nell'isola di Anglesey, dove William era di stanza con la Raf, e attendere la ristrutturazione della loro abitazione a Kensington Palace, la residenza storica costituita da vari appartamenti dove William aveva vissuto da bambino con il padre e la madre, poi solo con Diana e Harry, e al quale era affezionato.

Nel 2011 nessuno conosceva davvero Catherine. La stessa regina, nello scritto con cui aveva autorizzato il nipote a sposarsi, l'aveva definita «*trusty Miss Middleton*» e basta. L'affidabile signorina Middleton, neanche si trattasse di una colf.

Catherine pagava in tal modo il suo riserbo, la sua voglia di tranquillità. A nessuno sembrava importare quante lingue parlasse, il suo titolo di studio di alto livello, che nessuna delle donne Windsor condivideva con lei (né la regina, che non aveva studiato del tutto, né Diana o la principessa Anna e neppure la stessa Camilla potevano o possono vantare qualcosa di più di un diploma di scuola superiore – se si esclude la laurea ad honorem in Letteratura inglese ricevuta nel 2024), la conoscenza dell'arte, il fisico da modella che faceva scomparire dai negozi in un attimo qualsiasi indumento si mettesse.

No, Catherine entrava in silenzio per non urtare la suscettibilità di nessuno, conscia che la sua nascita borghese poteva esserle rinfacciata in qualsiasi momento.

Ci si può rendere conto facilmente di quanto sia stata umiliata dall'accoglienza riservata all'altrettanto borghese Meghan, l'attrice femminista e divorziata che sembrava dover salvare la dinastia e portarla nel futuro. Una donna – a sua differenza – sempre pronta a parlare di sé senza alcun rispetto per i Windsor.

Kate incassò, ma dentro di sé fece i dovuti calcoli e iniziò a capire che, se non voleva che le mettessero i piedi in testa, doveva reagire e trovare una sua strada pubblica. E, cosa che non le piaceva, farlo sapere a tutti, per il proprio bene, quello di William e quello dei loro bambini.

Mangiare in cucina

Nel frattempo, contenta di essersi sposata, con la Megxit di là da venire, Catherine diede subito alla casa dei duchi di Cambridge – il titolo che la regina aveva concesso a William, senza fare di lei una principessa, ma non le importava – un tono borghese.

Poca servitù – solo una colf ad Anglesey per i lavori di fatica, anche perché il cottage dove abitavano era piccolo –, niente valletti, mobili moderni, niente che rendesse la casa una copia in piccolo di Buckingham Palace. Nei giorni liberi da impegni, lei e William mangiavano in cucina dopo aver cucinato insieme e poi guardavano un po' di tv. E in quelli in cui non avevano voglia di mettersi ai fornelli, andavano a comprarsi un fish and chips oppure un gelato a piedi, sperando di non essere riconosciuti (ma non succedeva spesso).

Quando l'appartamento di Kensington fu finalmente loro consegnato, lo trovarono adatto alla vita esteriore che conducevano come duchi, ma molto meno rispetto al loro desiderio di privacy, vita all'aria aperta e natura. Desideri invece realizzati in quella che chiamarono «la nostra vera casa»: Anmer Hall, nel Norfolk, una costruzione georgiana all'interno della tenuta di Sandringham, che è stata ristrutturata e ai cui giardini sono stati aggiunti una piscina e un campo da tennis.

Soffitti alti, colori neutri, molte piante d'arredamento, mobili moderni e una cucina all'avanguardia sono le caratteristiche di questa magione che non è mai stata aperta al pubblico e che, fin da subito, ha procurato vari dispiaceri a mezzo stampa alla sua padrona. Infatti, in seguito alle dimissioni di una persona di servizio alla ricerca di soldi, si trovò accusata di far vivere il futuro erede al trono come un impiegato, di farlo mangiare in cucina, di sostituirsi alla cuoca, di preparare lei stessa la colazione invece di farsi servire a letto stile Downton Abbey. Insomma, cose inaudite, accuse gravissime.

La verità è che William e Catherine stavano dando vita a un matrimonio diverso da quello degli altri Windsor, matrimonio che a entrambi piaceva moltissimo e che aveva, alla base, l'amore di entrambi per lo sport e la vita frugale. Tutti e due amavano alzarsi presto, andare a correre o a nuotare (la passione di Catherine è rimasta fare il bagno nell'acqua fredda, anche in inverno, tuffandosi nella piscina scoperta del Norfolk) e poi prepararsi una colazione sana. Inoltre, erano felici di poter proseguire con le abitudini che si erano dati negli anni di convivenza all'università, di poter continuare a costruire il proprio mondo senza l'ingerenza di nessuno.

Un mondo nuovo per il figlio di un re come Carlo III, con le sue novanta persone di servizio e i suoi gusti edoardiani. E differente anche dalla quotidianità di Lady D che si divideva tra parrucchiere, cameriera personale, addetta al guardaroba, maggiordomo. Catherine, quando può, fa da sé. Ovvio che per grandi impegni come il Giubileo d'Oro della regina o l'incoronazione di Carlo abbia avuto bisogno di ricorrere allo staff di Buckingham Palace.

Ma con lei William viveva per la prima volta in vita sua accudito, amato e rasserenato. Come era stato per Filippo, fin dall'inizio Catherine aveva capito che il suo lavoro era «lui». Di fatto – ha detto un dignitario del Palazzo – William è il suo quarto figlio.

Filippo, Elisabetta e Carlo si guardavano bene dall'intervenire, a meno che non fosse strettamente necessario: il terrore che la giovane Middleton crollasse sotto il peso del protocollo e diventasse una seconda Diana in preda a problemi alimentari e forte depressione li perseguitava. Pur di vedere i due sposi sereni, i Windsor avrebbero fatto qualsiasi cosa e accettato di tutto. Ma non ce ne fu bisogno. Perché, a parte la strana – per loro – abitudine di stare in cucina a preparare personalmente la colazione per tutti, Catherine soddisfaceva ogni loro aspettativa in modo insperato.

La perfettina

L'arrivo ufficiale della duchessa di Cambridge tra i working royal è talmente perfetto da non aver suscitato critiche – al di là di punte di velenoso gossip – neanche nell'ambiente più conservatore del Palazzo. Catherine si piega alle gonne a mezzo polpaccio, alle calze, ai capelli raccolti. Ha l'accortezza di ritagliarsi ruoli poco esposti e si fa guidare da William negli eventi più complessi, ma non sbaglia un passo, mai. Neanche fosse telecomandata. Modi, sorrisi, affermazioni fanno capire subito alla stampa di non avere tra le mani un'altra gallina dalle uova d'oro, una seconda Diana.

Catherine è gentilissima e alla mano, però non concede nulla, non fa scene e se qualcuno cerca di offenderla lo ignora mostrando la più educata indifferenza. Vero è che arriva alle nozze a trent'anni, ben più adulta e consapevole della suocera, ma per i media è chiaro che da lei ci si può aspettare molto poco.

Se si ispira a una musa del passato, probabilmente pensa a Grace Kelly per il suo senso del dovere e del ruolo, già fin dall'abito da sposa. Ma è molto più moderna e inventa, rapida, un suo stile personale, impensabile sia ai tempi della diva hollywoodiana sia in quelli di Lady Diana: una sapiente combinazione di abiti low cost e pezzi chic, sport e impegno. Catherine indossa un abito di Zara sotto una giacca firmata con disinvoltura, abitini dei grandi magazzini, collane false. Ma è come re Mida, tutto quello che tocca diventa oro per chi lo ha prodotto. Sulla sua taglia trentotto distribuita su una statura di circa un metro e settantacinque, tutto cade alla perfezione. E lei, con raro intuito politico, si fa vedere sempre più spesso con abiti usati più volte, scambiati con madre e sorelle, comprati nelle più note catene fast fashion. La commoner dà dignità a qualsiasi capo d'abbigliamento, che su di lei assume subito un'allure modaiola.

Le donne la seguono a testa bassa. Se fino alla generazione precedente, le inglesi hanno copiato i cappelli della regina o gli abiti d'alta moda di Diana, adesso possono addirittura avere un vestito identico a quello di Kate: lo fanno anche altre principesse, prima tra tutte la regina Rania di Giordania, ma gli abbinamenti di Catherine tra capi costosi e capi di consumo sono unici. E in breve tutti gli stilisti inglesi e i proprietari di marchi low cost sognano solo che lei indossi un loro abito. Lei lo sa e si diverte con la moda, ma con buon intuito ha capito che il tempo del su misura e dell'esclusivo è finito. Può valere ancora per qualche ricchissima sceicca araba, gli inglesi però devono avere come punto di riferimento una principessa elegante, non una donna che spende per un solo abito quello che a loro serve per vivere alcuni mesi.

È una rivoluzione democratica, impensabile anche solo con Diana e nata dal cambiamento dei tempi. Catherine non ama i gioielli, ci vorranno la morte della regina e le critiche di alcuni esponenti della stampa (che in realtà esprimevano un comune sentire) a farle indossare più spesso i gioielli della corona. Incarico che lei lascia volentieri a Camilla che, a differenza sua, adora collane, anelli e bracciali.

Sta molto attenta a seguire le indicazioni della sovrana, ma fin dal primo viaggio in Canada poco dopo le nozze, accanto ai completi tradizionali, porta jeans e giacche sportive. La gente si ricorda Diana e la sua eleganza anni Ottanta. Ora ha di fronte una giovane sportiva ben vestita ma senza sfarzo che, alla fine del tour, accetta una gara di dragon boat in una canoa contro il consorte, al termine della quale sono entrambi bagnati fradici. Durante un viaggio alle Isole Salomone, indossa capi di stilisti locali nel tripudio generale, durante le Olimpiadi di Londra si mostra con la coda di cavallo, la maglietta e i jeans. Diventa subito un'icona per gli inglesi che impazziscono al Trooping the Colour di quell'anno, quando la ammirano in redingote bianca e cappellino nero, sorridente e abbronzata accanto al principe. Per la prima volta da anni, al balcone c'è il futuro, ci sono due giovani che salutano. La regina è molto amata e rispettata, ma una boccata d'aria nuova era necessaria.

Se il successo di Diana era stato immediato e planetario, quello di Catherine è stato più lento. Anche perché un certo tipo di media – che sfondava tra chi provava un'invidia tremenda verso la giovane duchessa

– cominciò a trattarla da inutile comprimaria, definendola troppo perfetta per essere vera e sospettando che facesse tutto parte di un piano – studiato all'università – per farsi sposare.

Roba da far saltare i nervi a chiunque.

Il manichino

L'affetto crescente dei nuovi familiari e degli inglesi ogni tanto si infrangeva sul malanimo dei gelosi o su chi voleva vedere una replica di Diana. Al posto della sensibile principessa emozionale e ribelle notavano solo una ragazza composta, sebbene con molte idee in testa, tutte ancora da sviluppare, e davano un voto pessimo alla scelta del principe.

In più William e Catherine, sicuri del super lavoro che sarebbe arrivato al termine degli anni di tregua «regalati» dalla regina, si impegnavano piuttosto poco come working royal. E questo diede la stura a un'insofferenza pubblica in cui l'attacco peggiore arrivò nel febbraio del 2013 – inspiegabilmente – da un nome famoso, la scrittrice Hilary Mantel, nominata dama dalla regina, che si scagliò contro la ragazza e il marito con parole di fuoco. Una coppia inutile, poco professionale, mantenuta dai contribuenti.

«Sembra che Kate sia stata scelta» insistette la Mantel «per il suo ruolo di principessa perché era irreprensibile, dolorosamente magra, niente stranezze, bizzarrie, senza il minimo rischio di mostrare qualche briciola di carattere. Un perfetto sorriso di plastica, una bambola snodata su cui sono stati appesi degli stracci.»

Ancora oggi non si sa perché la celebre autrice abbia scagliato frecce così velenose, anche se è chiaro che faceva parte del gruppo dei nostalgici di Lady D con la quale comparava la nuora in modo davvero poco simpatico (e privo di costrutto dato che Diana era morta da anni e Catherine non poteva farle alcuna concorrenza).

Di certo ne scaturì un putiferio in seguito al quale il primo ministro di allora David Cameron dovette rilasciare una dichiarazione ufficiale a favore di Kate per bollare come «del tutto fuorviante e falsa» l'opinione di Mantel. Da parte sua, la regina inglese del romanzo storico non se ne diede per inteso. Dopo aver affermato che non aveva nulla di cui scusarsi, la catalogò come un manichino. Peggio ancora.

Il Palazzo tacque, Kate fece finta di nulla, ma profondamente umiliata si rifugiò a Bucklebury dai suoi, con William. Aspettava George, non stava molto bene e, come sempre, non le pareva il caso di commentare.

George, Charlotte, Louis

Al contrario di quanto pensava la Mantel, Catherine non era un guscio vuoto, ma aveva un piano in testa che, in quel periodo della vita, riteneva prioritario sul resto: fondare la sua famiglia mettendo al mondo dei figli. La maternità – lo aveva capito – era la sua grande realizzazione personale. Sapeva benissimo che la prima delle sue creature era destinata al trono d'Inghilterra ma, contrariamente a Diana e, prima di lei, della regina Elisabetta e della maggior parte delle teste coronate europee, questo non la interessava affatto. Il suo non era stato un matrimonio dinastico e i figli erano cercati e voluti espressamente come frutto dell'amore tra lei e il marito, non per fornire «eredi e scorte» alla casa dei Windsor. Lei non avrebbe messo al mondo «*an heir and a spare*», come diceva Diana dei suoi due ragazzi, ma dei figli di cui uno, il primo, avrebbe avuto una vita difficile dato il ruolo che lo attendeva. A lei e William il compito di rendergli l'infanzia il più felice possibile e dare agli altri modo di costruirsi una vita autonoma senza restare intrappolati, come il principe Andrea, per esempio, nel limbo della lontananza dalla linea retta, senza altro da fare che aspettare incarichi militari o di figura.

Le sue idee sulla maternità si facevano sempre più chiare e definitive. I suoi figli sarebbero stati allevati da lei e dal padre in una famiglia forte e unita. Sapeva di non poter fare a meno delle baby-sitter per via degli impegni reali e dei viaggi, ma nella quotidianità voleva essere affiancata dalla donna di cui si fidava di più: sua madre.

Era convinta che solo la ricchezza degli affetti e degli stimoli di una vera vita familiare avrebbero evitato i guai passati dal suocero, praticamente allevato dalle governanti, e dal marito, cresciuto in una casa turbata da conflitti e spesso vuota.

Intanto capiva che, accanto allo sport e all'arte, si stava appassionando a un mondo del tutto nuovo, quello dell'infanzia, dei suoi diritti, dei suoi problemi, del disagio legato alla miseria. E lì intendeva agire, con calma, non appena i suoi bambini le avessero lasciato un po' di tempo.

Così arrivarono George, Charlotte e Louis. Tre gravidanze difficili ma fortemente desiderate. E già dal primo figlio, la casa dei duchi di Cambridge assunse una fisionomia che mai la famiglia del numero due della linea retta aveva avuto nella storia dei re d'Inghilterra.

Il mondo della mancanza di sonno

Quando, poco prima della Megxit, il principe Harry diede l'annuncio dell'arrivo di un pargolo Sussex, i giornalisti si accalcarono attorno a William per avere una sua dichiarazione.

Il rapporto tra i fratelli era già teso ma la guerra che si è scatenata in seguito non era ancora prevedibile. William però, già irritato da Meghan oltre ogni dire, resse il gioco e, dopo aver pronunciato frasi tanto affettuose quanto generiche, si lasciò scappare un «do il benvenuto a mio fratello nel mondo della mancanza di sonno». E si capiva che se ne intendeva dopo tre figli, tre dentizioni e svariate malattie infantili.

Nel mondo dei reali e dell'aristocrazia, così come in quello dei grandi miliardari, i bambini fanno vita a sé nelle nursery circondati da uno stuolo di baby-sitter. Nessuna madre li tiene con sé mentre dorme. Quelle che allattano se li fanno portare quando urlano dalla fame e si riaddormentano subito dopo la poppata. È chiaro che a stare sveglia di notte è la tata.

La duchessa di Cambridge cambiò tutto: allattava lei i bambini e li teneva vicini la notte per nutrirli o prenderli in braccio per calmarli, cambiarli, farli riaddormentare. E William stava sveglio con lei durante le notti difficili, un po' per darle una mano, un po' perché preferiva dormire insieme alla moglie che andarsene in un'altra stanza.

Catherine faceva tutto in prima persona. Dall'allattamento al bagnetto alle notti in bianco. Non voleva perdersi un attimo dell'infanzia dei figli. Accettava volentieri l'aiuto della tata Maria Teresa Turrion Borrallo quando la lontananza o i doveri reali ne rendevano imprescindibile la presenza, ma per il resto non delegava a nessuno le incombenze dei bambini, come facevano invece le altre madri della upper class inglese.

La regina Elisabetta – già molto anziana alla nascita di George – aveva fatto allevare i suoi figli dalle tate lasciandoli con loro, sia pure sotto la supervisione della regina madre Elizabeth Bowes-Lyon, anche per i compleanni e a Natale. Diana era già più presente: portava i figli a scuola, li faceva giocare, impose la loro presenza nei viaggi ufficiali come principessa di Galles, eppure a volte delegava alle baby-sitter. Catherine, al massimo, chiamava sua madre.

Voleva essere lei e nessun'altra a catturare i primi sorrisi, a vedere i primi dentini, a giocare la sera per farli addormentare. La sua natura era di fare la madre e la moglie a tempo pieno e, come tutte le donne che hanno anche impegni di lavoro, dovette imparare presto a barcamenarsi.

Fino alla nascita di Louis, Catherine ha vissuto

sdoppiata tra la casa e gli incarichi richiesti dalla regina e dal ruolo. E anche questo le causò un bel po' di guai. Perché quella stessa stampa che l'aveva applaudita sui gradini della Lindo Wing, un'ala del St Mary's Hospital con i bebè in braccio perfettamente pettinata e vestita a poche ore dalla loro nascita, iniziò a trovarla stanca, a ingrandire il suo contorno occhi per trovarle le rughette, a segnalare questa o quella sbavatura di trucco.

Con pochi risultati. Se tutto ciò che indossava Catherine si trasformava in oro per i produttori, per i suoi bambini accadde lo stesso. La copertina da quarantacinque sterline di G.H. Hurt & Son in cui era avvolto George alla nascita andò a ruba. E così le sue salopette, le magliettine, i vestitini di Charlotte: le madri inglesi, a loro volta con gli occhi segnati dalle notti insonni, avevano trovato una donna in cui identificarsi, con le occhiaie marcate come loro e occupata quotidianamente a fare i salti mortali per tenere insieme figli, lavoro e casa.

Le truppe di detrattori dovettero arrendersi.

Come in chat

I programmi a favore dell'infanzia disagiata o con disturbi mentali realizzati attraverso enti e fondazioni sono l'odierno risultato di un lavoro che Catherine ha iniziato a immaginare subito dopo la prima maternità. Fin dalla nascita di George, però, smise di stare in silenzio, almeno sull'infanzia, e cominciò a parlare di maternità. Non in astratto ma riferendosi alle proprie esperienze.

Se Diana aveva esibito il suo amore per William e Harry in ogni maniera attraverso giochi, abbracci, tenerezze, Kate discuteva del proprio vissuto in modo colloquiale, come se si confrontasse in una chat di mamme.

La sua forza consisteva nell'essere tranquilla, serena, autentica, di sapere comunicare ad alta voce e in modo empatico i problemi di milioni di donne prima e dopo di lei. Problemi mai neanche affrontati dalle donne di casa Windsor.

«È un'esperienza (la maternità) che ti cambia la vita da un giorno all'altro» disse per esempio dopo avere ammesso di essersi sentita insicura e di non avere saputo cosa fare nei suoi giorni di apprendistato con George molto piccolo quando era sola, nell'isola di Anglesey, e William era via per le sue missioni di volo. Esprimeva con semplicità quello che era successo a quasi tutte le mamme. E qualunque donna poteva riconoscere nelle sue le proprie paure di neomadre e sorridere della frase «te lo danno senza le istruzioni».

Anche del parto aveva avuto paura ed era stata male per ogni gravidanza. Non si vergognò a parlarne fuori dai comunicati patinati del Palazzo, raccontando in un podcast cosa le era successo a ogni gestazione e come aveva provato a risolvere.

«Stavo malissimo ogni giorno con l'iperemesi gravidica e quindi non ero la più allegra delle gestanti. E no, non dovete immaginarvi che William stesse sempre lì a mormorarmi paroline dolci, però sapevo che c'era per me. Per giorni non mangiavo nulla di quello che serviva ma, in qualche maniera, il bambino cresceva lo stesso e questo era affascinante da seguire. Ma stavo davvero male e cercando una soluzione mi sono avvicinata a tecniche come la meditazione, la respirazione profonda, l'autoipnosi e l'*hypnobirthing* che aiutano durante il travaglio e il parto attraverso il controllo delle sensazioni e il relax del corpo. Ha funzionato.»

La frase più a effetto, tuttavia, fu un'altra: «Stavo così male in gravidanza che ho preso il travaglio come una liberazione perché sai che ha un inizio ma va verso una fine e le tecniche che avevo appreso mi hanno aiutata molto. Ma possono essere difficili da applicare e non sono adatte a tutte».

Oltre alla donna elegante da imitare, alla ragazza della porta accanto così fortunata da avere sposato un principe, all'erede di Lady Diana nell'opinione pubblica, si stava facendo strada una nuova Catherine, quella che, senza clamore, aveva davvero avvicinato la monarchia al mondo contemporaneo. Una donna giovane e sportiva in grado di ricevere un reale come di giocare a hockey. Di essere elegante con un vestitino low cost, di saper organizzare un picnic con marito, figli, cane e contenitori tupperware, senza portarsi dietro valletti e servitù. Una donna normale conscia del proprio ruolo, capace di rappresentare degnamente il Paese all'estero restando con i piedi ben piantati per terra.

Catherine e il suo mito erano in crescita, ogni bambino sanciva un balzo in avanti della sua popolarità anche se il troppo da fare toglieva spazio ai progetti e all'autonomia da William. Sarebbero stati due fattori indipendenti tra loro a far sviluppare completamente la personalità della duchessa di Cambridge: l'incontro-scontro con Meghan e il Covid. Ma ci sarebbe voluto molto tempo.

La costola di William

La Catherine Middleton che entra in casa Windsor è una donna diplomatica e accorta alle prese con un marito dal carattere difficile. Come suo nonno Filippo e suo padre prima di lui, William tende alle scenate, è abituato a comandare e non apprezza affatto che gli si faccia ombra. Catherine conosce il terribile fastidio di Carlo per i successi pubblici di Diana – uno degli elementi di maggiore dissidio tra loro – ed è ben decisa a evitare il bis.

Non le pesa restare dietro al marito: sia perché, pur non essendo granché timida, deve ancora farsi le ossa, sia perché la maggior parte dei loro progetti è stata pensata di comune accordo. Lo lascia parlare, sorride, interviene solo per dargli ragione o aggiungere qualche dettaglio interessante. E il team va avanti bene fin da subito.

William è fiero del successo della moglie come ambasciatrice della moda inglese e dei complimenti che riscuote, si sente rassicurato dal suo interesse, sa di poter contare su di lei. Se Carlo non si sentiva in dovere alcuno di aiutare Diana nelle sue prime uscite pubbliche (salvo poi offendersi se la gente voleva vedere lei e non lui), un avveduto William si incarica personalmente di insegnare alla moglie quel mestiere reale che lui ha assorbito fin dall'infanzia e che lei mostra di recepire con estrema diligenza.

Catherine spicca per la sua grazia, i sorrisi e l'evidente appoggio al marito. *Waity Katy* – la ragazza che ha aspettato dieci anni pur di farsi sposare – diventa *the loyal wife*, la moglie leale. Un complimento che le fa piacere, anche se i detrattori scrutano nella sua vita per alimentare in continuazione la macchina del gossip e del discredito.

I due giovani duchi di Cambridge si dedicano alla famiglia? Beh, sono pigri, non hanno voglia di servire il loro Paese. Per mesi i tabloid martellano la coppia paragonandola alla stakanovista Anna, alla regina che, indomita e incurante dell'età, lavora senza sosta, a Carlo. William è nel mirino, ma le critiche più dure le subisce sua moglie.

«Kate ha fatto un ottimo lavoro» le scaglia addosso la scrittrice Wendy Holden «sposando il riccone di turno. Ma cosa ne è del suo lavoro e della sua indipendenza economica? Odio le donne che hanno studiato ma che non lavorano.»

Critica pretestuosa perché nessuno dei working royal ha tempo e spazio per un mestiere indipendente, né è stato richiesto di avere un lavoro parallelo a Diana, Fergie, ex moglie del principe Andrea, o all'attuale duchessa di Edimburgo, Sophie Rhys-Jones.

Chiacchiere buone per rinvigorire l'invidia di chi non accetta le nozze della commoner, ma abbastanza inutili davanti al favore crescente della duchessa. Che viene amata per la sua compostezza, l'eleganza e la capacità di essere a proprio agio sia in abito lungo sia con gli stivali di gomma e i giacconi da caccia.

La direttrice di *Vogue America* Anna Wintour la definisce impeccabile, la regina invia i due duchi in viaggio per il mondo certa della sobrietà di lui e della bella apparenza di lei che, effettivamente, non mette mai un piede in fallo: discorsi noiosi, competizioni sportive, passeggiate in luoghi impervi... Catherine supera tutto e, quando appare con i bambini per mano, i giornali sanno di avere una copertina assicurata.

La foto di George a poco più di un anno che nasconde la faccia tra i capelli della madre o quella di Charlotte che fa un capriccio terribile ai piedi dell'aereo dove Kate cerca di farla salire con poco successo e senza perdere la calma fanno il giro del mondo.

Ai concittadini piace e la sua famiglia viene considerata adorabile. E se non è una grande lavoratrice, pazienza. In più, ne amano l'eleganza. La regina è un'icona ma ha già raggiunto un'età critica, Camilla e Carlo sono anziani e lei non è particolarmente glamour. È bene che a rappresentare il Paese davanti al mondo vadano i due giovani: lui professionale e rassicurante, sia pure un po' ingessato (in questo ha preso dal padre, in pubblico è un po' rigido, quasi non riesce a sorridere), lei elegante, una taglia trentotto anche dopo le gravidanze.

Per precisa scelta, Catherine non fa vedere tutte le sue carte e sta tranquilla accanto a William. Moglie e madre, questo voleva diventare e questo è diventata.

Sa, però, di avere enormi entrate e di poter usare la propria *moral suasion*, cioè di poter esercitare il potere che le deriva dalla propria posizione, a favore dei bambini meno fortunati dei suoi. L'idea di una fondazione prende forza nella sua testa ma prima – mai litigare o mettersi di punta – c'è il progetto di William sulla salute mentale di grandi e piccini. Poi vi è coinvolto anche Harry, cui lei è molto affezionata e che non va deluso.

Comunque, anche se a parere dei suoi detrattori Catherine fa poche apparizioni in pubblico, il numero di centri e fondazioni di cui è madrina cresce senza sosta dal matrimonio alla nascita di Louis, così come il suo impegno verso i più piccoli.

Nel 2012 diventa madrina della National Portrait Gallery, una nomina che lusinga il suo amore per l'arte, subito dopo del Natural History Museum. Poi è la volta dell'East Anglia's Children's Hospices, una struttura di supporto a bambini e adolescenti in difficoltà, e dell'Action on Addiction, organizzazione benefica contro le dipendenze, cui seguono nel 2016 la fondazione Action for Children, che si occupa della gioventù più vulnerabile, poi l'Anna Freud National Centre for Children and Families. Nel 2017 Catherine e William promuovono la loro creatura preferita, l'Heads Together, in cui riuniscono otto associazioni che si occupano della salute mentale di grandi e piccini combattendo lo stigma sociale causato dalla malattia.

L'aiuto di Harry è indispensabile e il Paese inizia a sognare davanti a tre giovani – i due figli di Diana e la *loyal wife* del primo – che garantiscono un futuro attivo, giovane e moderno. Non durerà, all'orizzonte c'è già Meghan e, con lei, l'attrito tra i due fratelli.

Oggi il principe e la principessa di Galles gestiscono oltre quattrocento progetti a favore della gioventù disagiata. Ma, soprattutto, Catherine ha sviluppato a fondo le sue idee sull'infanzia bisognosa e le sta tramutando in progetti pratici.

Il programma

La formazione di Catherine sull'infanzia procede pari passo con le proprie esperienze personali e le opinioni che si formano sui bambini e le loro necessità. La giovane parte dalla sua prima maternità che, non ha imbarazzi ad ammetterlo, la coglie impreparata. Felice, ma impreparata. Nei primi mesi dalla nascita di George non si sente all'altezza, ha degli sbalzi di umore. Riservata persino sul suo numero di scarpe, li confessa con estrema naturalezza. È la prima Windsor a farlo. Catherine non vuole farsi commiserare come Diana quando narrava la sua infelicità, incinta di William: vuole capire. Dentro di sé riflette, ragiona, cresce. Prende tempo per accumulare esperienza.

Durante i primi anni di matrimonio, Catherine circoscrive il suo interesse per i bambini ai programmi di salute mentale cari a William e Harry conformandosi ai loro progetti e restringendo il proprio intervento ai problemi della madre lavoratrice. In compenso, parla spesso del proprio disagio e di come si sentisse in colpa. Per esempio, parlando al podcast *Happy Mum, Happy Baby* con Giovanna Fletcher, Kate dice di provare rimorso come ogni altra madre quando doveva lasciare i figli a casa. «Chiunque dica il contrario in realtà sta mentendo. Anche stamattina, George e Charlotte dicevano: "Mamma, come puoi non accompagnarci a scuola stamattina?".»

E questa, prosegue, è «una sfida costante per tutte le mamme, anche quelle che non hanno un lavoro fuori casa». Durante l'intervista, Kate ha anche ammesso che a volte si sente in difetto per le scelte che fa come mamma: «Dal momento in cui hai un bambino, metti sempre in discussione le tue decisioni, i tuoi giudizi».

Eppure, dentro di sé sentiva di poter fare di più. In Gran Bretagna c'erano troppi bambini indigenti e, per quanto riguardava la salute mentale, scarsa informazione e nessuna prevenzione.

Così, secondo lei, era fondamentale occuparsi del benessere psichico di tutti, eliminarne lo stigma sociale e spingere la gente a riconoscere e curare il disturbo ma, a suo avviso, bisognava intervenire nella fase della prima infanzia. Il suo piano avrebbe preso forma e si sarebbe realizzato durante l'epidemia di Covid e negli anni successivi.

La pace prima della tempesta

La Kate Middleton che arriva al 2017 in piena armonia con i Windsor, con i suoi spazi per i figli, l'indifferenza per le critiche che la vogliono inoperosa e scialba, è una donna soddisfatta, appagata, felice della famiglia che ha costruito e del proprio ruolo. Ha idee e programmi di lavoro in testa, sogna viaggi, vacanze, magari un poco più di tempo libero con William, si convince però che tutto può aspettare. Prima deve arrivare il fatidico terzo figlio a completare la famiglia ideale che lei e William desiderano.

Il daffare con i piccoli è molto, decide quindi di adottare un modo di vestire pratico. Se un abito le piace, ne fa realizzare due o tre di colori diversi ma simili per poter coordinare tranquillamente scarpe, borse e cappelli senza starci a pensare troppo o dover chiamare una vestiarista. Oggettivamente, per la giovane età, in pubblico si veste con uno stile un po' troppo conservatore umiliando gambe e capelli, i suoi punti di forza, ma la regina è così contenta di lei, del suo comportamento, dell'influsso positivo sull'iracondo William, su come alleva i nipoti, da portarla in palmo di mano. William vorrebbe che le desse il titolo di principessa ma sua maestà nicchia. La giovane le piace molto, però «duchessa» le pare basti e avanzi. La tiene un po' a distanza non per cattive intenzioni, piuttosto per non pesare sulla coppia, come si rimprovera di aver fatto con Diana.

Insomma, tutto fila liscio, Louis è in arrivo. Ma arriva anche Meghan. E sarà un ciclone.

3
L'ira funesta di Catherine

Un nuovo arrivo

William si era rivolto alla stampa ridendo. I fotografi scattavano impazziti mentre Catherine coccolava i neonati dell'ospedale che stavano visitando. Con un bebè indugiò più del solito e i giornalisti si scatenarono con le domande.

«Per favore» li interruppe lui «non date idee strane a mia moglie.» E la portò via. Ma Louis era in programma, come capirono tutti, e all'inizio del 2018 Catherine si godeva casa e famiglia riflettendo tra sé e sé sul suo progetto per aiutare i bambini poveri, progetto da mettere a punto non appena svezzato il figlio.

Se alla nascita di George aveva reso noti i suoi sensi di colpa nel lasciare soli i bambini per seguire i royal duties, adesso da madre più esperta sapeva di potercela fare.

In più Harry, dopo anni poco sereni, sembrava avere trovato la felicità accanto a un'attrice afroamericana, Meghan Markle, e voleva sposarla entro l'anno. Incerto su tutto, Harry l'aveva portata per prima cosa da Fergie – la moglie divorziata del principe Andrea –, cui era rimasto affezionato perché buona amica di Diana, e da sua cugina Eugenia, figlia di Fergie, alla quale era molto legato. Poi, senza organizzare nulla di formale, la ragazza era stata presentata anche a William e alla regina. Harry era al settimo cielo, Elisabetta era convinta che Meghan avesse un buon effetto su di lui, quindi era contenta a sua volta. Ma William e, stranamente, il duca di Edimburgo non erano dello stesso parere.

Infatti, se William poteva temere di perdere la vicinanza del fratello, questo non era certo il problema dell'anziano principe. Che tuttavia trovò immediatamente nelll'americana una copia moderna di Wallis Simpson: la vedeva arrivista, inadatta alla vita di corte, egoista. Inoltre il fatto che fosse divorziata urtava la sua mentalità vittoriana, già provata dal matrimonio di Carlo e Camilla. In quel caso, però, la linea retta era assicurata dai figli di Diana. Qui si rischiava invece che *the spare*, la scorta, il vice di William, l'unico in grado di sostituirlo finché i figli non fossero cresciuti, sposasse una donna estranea al mondo dei reali e fonte di un nuovo potenziale attrito con la Chiesa d'Inghilterra in quanto divorziata.

Filippo fu profeta. Con la sua conoscenza di tutta una vita dei meccanismi di corte, capì subito che l'attrice statunitense non si sarebbe mai adeguata al mondo del Palazzo. Quello che neanche lui riuscì a immaginare era che la giovane, sicuramente autoreferente e ambiziosa, avrebbe ben presto mandato al diavolo Buckingham Palace e la vita reale in Gran Bretagna per vivere a modo suo con Harry vendendo marmellate col suo titolo, dopo aver ricevuto da Elisabetta l'ordine di non farlo. La peggiore frattura nella casa reale dall'abdicazione di Edoardo VIII, poi duca di Windsor.

Ma questo sarebbe successo in seguito. Restava il malumore di William, le cui riserve sulla futura cognata stavano causando un malessere crescente tra lui e il fratello. Gli chiedeva di non correre con Meghan, di far passare del tempo ragionevole tra la conoscenza e la data delle nozze.

Il problema era che l'argomento non stava in piedi. I due si erano conosciuti nel 2016 e nel 2018 avevano un'età e un'esperienza di coppia più che sufficiente per prendere un impegno definitivo. L'irritazione di Harry cresceva di pari passo alla sua perplessità: aveva contato molto sull'aiuto del fratello e, nel momento che reputava il più importante della sua vita, questi gli veniva a mancare. Lui e Meghan si conoscevano da due anni, stavano benissimo insieme, cosa c'era da aspettare ancora?

Nella sua fissazione sulla presenza della madre attorno a lui, Harry riteneva che Meghan gliel'avesse mandata lei. Suo fratello era molto meno entusiasta, quella donna non gli piaceva, anche se non se ne spiegava le ragioni. Era una questione di pelle oppure, se vogliamo, di esperienza.

William aveva visto troppe volte in Harry le fragilità e gli innamoramenti della madre: subitanei e dannosi. Lo reputava un cattivo giudice di uomini e cose. Temeva – ed era un pregiudizio poco simpatico – che suo fratello si facesse incastrare da una donna interessata. E, con il suo carattere testardo, non c'era verso di convincerlo del contrario.

Cenerentola

Catherine è per natura una donna diplomatica, che evita gli scontri frontali e cerca di andare d'accordo con tutti. Ma, è inutile dirlo, la protagonista di *Suits* non piacque neanche a lei. All'inizio furono piccole cose, come la mania di Meghan di abbracciare William (e chiunque altro), che faceva sorridere il grigio ambiente del Palazzo. La gente, però, chiacchierava e lei ne era infastidita.

Catherine è una donna affettuosissima e dedita ai suoi cari ma non ama le esibizioni pubbliche e in quei mesi trovava i comportamenti della futura cognata un po' sopra le righe, i suoi outfit inadatti alle circostanze, se non addirittura irrispettosi, il modo in cui trattava la famiglia poco consono. Tuttavia... non le sembrava il caso di litigare per quelle che apparivano semplici abitudini un po' diverse dalle proprie ma per nulla moleste.

La sua lealtà andava a William, ma al momento giudicava necessario arginarne la sistematica irritazione davanti all'argomento Meghan e provare a far funzionare quel quartetto che il pubblico aveva con poca fantasia ribattezzato i Fab Four, il vecchio soprannome dei Beatles.

Fu dopo l'annuncio del fidanzamento – di cui lei e William si dissero felicissimi – che Catherine iniziò a ripensare alle proprie nozze, ai commenti subiti, al diverso atteggiamento con cui veniva trattata miss Markle rispetto a lei.

A detta di tutti, Meghan era la donna che – grazie

alle sue origini afroamericane – avrebbe traghettato la dinastia nel futuro, agevolando i rapporti col Commonwealth. E lei?

Lei era stata solo «*trusty Miss Middleton*», come l'aveva definita la regina, la ragazza qualsiasi la cui famiglia era fatta oggetto di scherno. A nulla erano valsi gli studi, la laurea, le lingue, lo sport, i dieci anni di relazione irreprensibile con William. E ora di fronte a un'attrice divorziata americana, con fama di femminista e ben poche scocche importanti al proprio arco, lei cadeva nel dimenticatoio? Una famiglia in cui ancora pesavano il divorzio di Carlo e Diana e quello di Camilla adesso faceva ponti d'oro a una straniera che aveva una storia simile a Wallis Simpson?

All'inizio arrivò il fastidio, poi subentrò l'offesa, seguita da una rabbia sorda destinata ad avere un certo peso nella riformulazione della sua personalità pubblica. Non più solo una moglie e una madre un passo indietro a William, ma una donna pensante, piena di idee e di iniziative, che non sentiva il bisogno di urlare o di comunicare con sorrisoni a trentadue denti, ma di realizzarsi sì. A modo suo. Paziente ma determinata, un caterpillar.

I primi mesi

Le differenze tra Catherine e Meghan sono descritte molto bene proprio da Harry nel suo *Spare*, scritto per lui dal premio Pulitzer J.R. Moehringer sulla base di una lunghissima intervista.

«Li avevamo invitati a cena durante una delle visite di Meg, aveva cucinato lei ed era tutto buono» racconta. «Willy aveva il raffreddore e continuava a tossire e starnutire. Meg corse a prendere i suoi toccasana naturali, olio di origano, curcuma. Lui sembrò affascinato anche se Kate dichiarò alla tavolata che suo marito non avrebbe mai preso quei rimedi non convenzionali... L'unica nota stonata della cena cui mi viene da pensare era nel modo di vestire delle due donne: Meg, jeans strappati, scalza. Catherine tutta in ghingheri. Non ha importanza, pensai...»

Invece ne aveva, sebbene gli inglesi fossero entusiasti delle due coppie. La loro foto a Natale fuori dalla chiesa di Sandringham spopolò su tutti i giornali, la loro prima uscita pubblica al Royal Foundation Forum ebbe un'enorme eco: Meghan appariva asseverativa, decisa a dire la sua, Catherine, incinta, era più silenziosa e tutta sorrisi. In verità, lei parlava quando era il suo turno, senza oscurare gli altri e in special modo William, mentre la futura cognata sgomitava per attirare l'attenzione, probabilmente un riflesso del mestiere. Alla fine, Meghan ne uscì come una donna vincente e piena di idee, Catherine come una piacevole casalinga che pensa solo all'imminenza del parto.

E per un po' fu proprio così: ogni giorno qualcuno scriveva un articolo sulle capacità di Meghan, sul suo essere femminista, sul suo impegno. Queste note finirono anche sul sito ufficiale della famiglia reale e Catherine e le sue qualità passarono nelle retrovie. Né per lei era il momento di attaccare: il fisico splendido appesantito dalla gravidanza, gli impegni ridotti per via delle consuete difficoltà a portarli avanti, William che passava da un attacco di nervi a un altro.

I Fab Four esistevano solo per la stampa, in realtà il malessere era forte e sarebbe scoppiato anche troppo presto.

Di una cosa, però, Catherine era certa. Non era meno dedita ai diritti delle donne rispetto alla cognata, non era solo la mogliettina di William e la madre del futuro re d'Inghilterra. Era una donna che aveva molto da dire e da fare. Aveva solo bisogno di tempo. Poi un evento le fece capire che era anche necessario che Meghan si rendesse conto di chi tra loro due veniva per prima nella gerarchia reale e si rimettesse al suo posto.

Due pesi e due misure

Felice che Harry avesse finalmente trovato stabilità affettiva e psicologica con Meghan, la regina gli concesse qualsiasi cosa chiedesse per le nozze: dalla St George's Chapel alle musiche gospel volute da Meghan fino all'intervento del predicatore episcopale Michael Bruce Curry, davanti a lei, capo della Chiesa anglicana.

Obiettò che il bianco e il velo per una divorziata non fossero di buon gusto, ma lo fece con grazia e la sua opinione – che non era un ordine ma poteva diventarlo – venne ignorata.

In più permise a Harry di tenere la barba, cosa che era vietata agli uomini in divisa della royal family e che finì per far infuriare ancora di più William, convinto che, nel caso del fratello, si usassero due pesi e due misure. Come si diceva prima, la stampa era in tripudio, sembrava che l'attrice afroamericana fosse in grado di rinnovare i Windsor e salvare il Commonwealth per il solo fatto di esistere. Il viaggio prematrimoniale della coppia – un altro strappo alle abitudini dei Windsor – era stato un successo. Molti giornali esaltavano la lungimiranza della regina che aveva approvato la scelta di Harry.

I paragoni sgradevoli verso Kate fioccavano. Gli stessi che avevano sempre dato addosso a William che aveva sposato una commoner, quella che l'avevano poi definita un manichino. Una donna che non lavorava e che sembrava interessata solo a fare figli.

Dall'altra parte – finalmente, ribadivano – c'era una giovane piena di interessi, femminista, una *self-made woman* che aveva raggiunto il successo grazie a una serie televisiva ed era un vulcano di idee. Almeno così veniva dipinta, una donna contemporanea contro una noiosa e vecchio stampo. Che liberazione che fosse arrivata.

L'atmosfera, per Harry e per la stampa, era magica e William ne soffriva. Di nuovo un'attrice, di nuovo un principe, di nuovo una favola. Sembrava di essere nuovamente a Montecarlo all'arrivo di Grace. Per molti anni Harry era stato lo scapolo più amato del Paese, anche grazie alla sua simpatia, e ora prometteva disinvoltura e felicità. A chi interessava una famiglia banale come quella dei duchi di Cambridge?

William, come suo padre con Diana, era di sicuro invidioso del favore di cui godeva il fratello, in realtà poca cosa davanti ai suoi mille traguardi e successi.

Un'ascesa iniziata con gli Invictus Games che la scelta di quella fidanzata anticonformista rendeva garanzia di un futuro d'impegno e serietà. E lui?

Da ragazzo non era mai stato sorpreso a drogarsi o a indossare abiti da gerarca nazista. Aveva militato, e duramente, nell'aviazione, portato in casa una giovane dal passato ineccepibile – non certo un'attricetta di cui giravano foto di dubbia moralità –, avuto due figli e un terzo in arrivo che assicuravano la continuità della dinastia. Non contava nulla? Evidentemente no.

L'aria di freschezza e libertà che emanava da Harry e Meghan seduceva tutti. La regina lasciava fare. Per le foto del fidanzamento, lei si era presentata addirittura senza calze (grave infrazione alle regole royal) e nessuno aveva detto niente, mentre Catherine doveva sempre più spesso allungare gli orli e acconciare la sua magnifica chioma castana in complicate volumetrie, perché così voleva l'etichetta.

William e Kate avevano dovuto piegare l'organizzazione della loro cerimonia di nozze alle necessità della corona. In pratica, avevano fatto a modo loro soltanto due cose: la pettinatura della sposa, che aveva preteso di lasciare sciolti i capelli contro il parere/volere della regina che li desiderava raccolti sotto il velo, e la festa privata che aveva seguito il rito del balcone. I Middleton erano dovuti sparire come dei lebbrosi. E adesso tutti si estasiavano davanti alla madre di Meghan, Doria Ragland, e a suo padre Tom, che vendeva le interviste?

Geloso e rancoroso, William coglieva però altri segnali che cercava di spiegare al fratello senza alcun successo. Meghan rifiutava l'aiuto di Lady Susan Hussey –

dama di corte della regina, cui erano state già affidate tutte le mogli reali – per imparare a vestirsi e a conoscere la complicata etichetta che regola i riti di casa Windsor. Se ne infischiava, era tetragona, riteneva che dovessero conformarsi loro a lei e non il contrario. William intuiva, a ragione, che non si sarebbe mai abituata alla loro vita, che non era adatta ai ruoli che, come moglie della sua «scorta», avrebbe dovuto ricoprire. Ed era infastidito dalla mancanza di rispetto verso la famiglia che – ne era sicuro – a Kate non sarebbe mai stata perdonata.

Non sapeva ancora quanto avesse visto giusto. E non aveva idea del fracasso con cui la giovane cognata avrebbe fatto esplodere il suo rancore verso tutti loro. Quello che non capiva e non considerava era il fatto che suo fratello – della cui felicità non si rendeva conto – era entusiasta di Meghan e che ogni parola detta contro di lei lo convinceva ancora di più della bontà della sua scelta.

Meghan tendeva a spendere e spandere e Carlo, allora principe di Galles, aveva detto loro di non esagerare, perché il suo portafogli, benché molto ben fornito, non era senza fondo, ma questa era l'unica nube all'orizzonte.

L'astro di Meghan saliva ogni giorno di più, mentre la frattura tra i fratelli continuava ad allargarsi.

Baby brain

Nel periodo immediatamente precedente e successivo al matrimonio di Harry, anche Catherine era stressata.

Le sue gravidanze non erano mai facili e la futura cognata sgomitava con forza per definire il suo ruolo giovane, fresco e moderno e lasciare a lei una parte istituzionale, polverosa e un po' insulsa. Quando per esempio erano apparsi insieme al Royal Foundation Forum – quattro giovani trionfanti che avevano incantato il Paese –, Meghan aveva affermato tutto il suo femminismo (di facciata) spiegando che «le donne non hanno bisogno di trovare una voce, le donne hanno già una voce, quello che le bloccava era il fatto che non si sentissero incoraggiate a usarla». Lei, appesantita dal pancione e dall'abito da gravidanza che non le consentiva di rispondere con il linguaggio del corpo, era stata a sentire e il giorno dopo la stampa si era scatenata a prevedere che Meghan avrebbe rinfrescato la dinastia col suo dinamismo. Su di lei neanche una parola.

In aprile aveva partorito e, alla stanchezza dei primi mesi di Louis, si univano continui dissidi con Meghan, che insisteva nel farla sentire una stupida, disegnando per sé il ruolo di donna attiva, lavoratrice, *self-made* e per lei quello della casalinga privilegiata. Durante una conversazione l'aveva accusata di soffrire di baby brain, di deficit di memoria e stanchezza causate dalla maternità.

Non era stata una bella scena e neanche gradevole. Catherine, da un lato, affaticata dopo il parto e per le notti insonni dell'allattamento e Meghan, dall'altro, in gran tiro, certa di trovarsi davanti una bambolina che non aveva mai lavorato, una giovane priva di ambizioni il cui unico scopo nella vita era stato sposare un principe. Una donna che lei, col suo attivismo e le sue idee, avrebbe stracciato con poche battute. Il battibecco si era esaurito subito, ma per Catherine era stato come rivivere il ritorno del bullismo subito da adolescente. Un attacco indiscriminato in un momento di debolezza. Se ne sarebbe ricordata molto a lungo.

Del resto, l'attrice di *Suits* era nel suo grande momento e non intendeva dare ascolto a nessuno o accettare contraddittori di sorta. Faceva e disfaceva nell'ufficio che Harry e William avevano in comune con i suoi modi americani e un po' da parvenue: non aveva riguardi, voleva tutto e subito, alzava la voce e, se non la accontentavano subito, chiamava Harry a sua difesa. Che si metteva a urlare invece di cercare delle mediazioni.

Kate, dicevamo, era sfinita e fisicamente un po' fuori forma, cosa che, nel suo perfezionismo, era per lei motivo di cruccio. In altri tempi, per accaparrarsi titoli e copertine, le sarebbero bastati il tacco dodici e una delle sue mise da sera, ma non era in grado – e non aveva la voglia – di farlo.

Non aveva neppure la forza di contrastare quanto stava accadendo nell'organizzazione di questo nuovo royal wedding che, detto in soldoni, era l'esatto contrario di ciò che era stato imposto a lei: dalla lista degli ospiti dei due fidanzati – spesso stelle dello star system che neanche gli sposi conoscevano bene e che servivano all'autopromozione di Meghan –, ai capricci della sposa su fiori e profumi da diffondere nella «vecchia chiesa» (*sic*), fino all'uso delle calze, argomento che non riscuoteva più alcun interesse.

In più nulla di quanto facesse Kate andava bene. Propose una festa per i paggetti, Meghan le rispose che erano tutti americani e non sarebbero arrivati in tempo. Poi cercò di ripristinare l'etichetta delle calze per le bambine, senza alcun risultato. Infine, quando arrivò l'abito di Charlotte e fu chiaro che era fuori misura e malfatto, Meghan le disse piccata di farlo aggiustare, se proprio voleva. Catherine ribatté che andava rifatto e basta. Era stato tagliato e cucito malissimo. E aveva ragione. Sarà stata anche perfettina e senza fantasia, come la dipingeva certa stampa, ma amava vestire bene la sua bambina e quell'abito arrivato per lei era goffo, troppo lungo, sproporzionato.

«Charlotte» disse alla quasi cognata «ha pianto quando lo ha indossato.»

Le due donne litigarono pesantemente. Erano entrambe esaurite e nervose, Kate per il contesto e le tensioni familiari, Meg, oltre che per il peso dell'organizzazione delle nozze, perché suo padre, invece di arrivare, si era messo nei guai con la stampa rilasciando interviste che avevano fatto inferocire i promessi sposi e deprimere lei stessa, che vedeva tutta la sua costruzione saltare per aria.

Le urla furono sentite da tutti e Catherine si vergognò. Il giorno dopo si presentò con le sue migliori scuse e dei fiori per Meghan, ma l'atmosfera era rovinata. William, offeso dalle critiche a sua moglie e alla bambina, fece solo una comparsata all'addio al nubilato di Harry.

I Fab Four erano sull'orlo della catastrofe. Il gesto di Carlo, poi, che accompagnò Meghan all'altare, diede a William il colpo di grazia e contribuì alla successiva frattura.

In giro con la regina

Subito dopo il royal wedding in salsa yankee, altri due episodi contribuirono a scavare una voragine tra le due coppie.

Pochi giorni dopo la cerimonia, Carlo aveva indetto un Garden Party per festeggiare i suoi settant'anni con un ricevimento pubblico a Buckingham Palace. Ospiti d'onore i due sposi, mentre Kate e William restarono a casa per volere del futuro sovrano. Harry fu incaricato di tenere il discorso iniziale, un ruolo importante che in passato gli avrebbe fatto piacere, come aveva pensato Carlo nel rivolgergli la richiesta.

Ma Harry, dal suo incontro con Meghan, sentiva tutto il peso di essere «la scorta», come lo chiamava scherzando sua madre, ed era in rotta di collisione con tutti. Così, una volta letto il discorso, assecondò Meghan, indispettita che la festa non fosse per loro ma per Carlo, decidendo di andarsene nel bel mezzo del divertimento lasciando tutti stupefatti, il principe di Galles per primo che non si aspettava un gesto simile.

Un affronto che a Catherine e William non sarebbe stato perdonato né dalla famiglia né dalla stampa e che qui fu scusato dalle recenti nozze e dal desiderio degli sposini di avere privacy.

La regina aggiunse, intenzionalmente, il carico da undici. Circa un mese dopo, Elisabetta, che probabilmente voleva sondare bene di persona il carattere di Meghan, azzardò una mossa che con Kate non aveva mai fatto: la invitò a un evento pubblico, loro due sole all'inaugurazione di un ponte a Chester.

Per Meghan era la ciliegina sulla torta, la consacrazione del proprio ruolo in famiglia. Ignorando i consigli sul cerimoniale di Lady Hussey, si presentò senza cappello, senza calze e con un abito di Givenchy (marchio francese). Capelli sciolti e sorriso smagliante, la sentirono domandare alla regina chi delle due dovesse uscire per prima dall'auto, poi la videro sorpassare sua maestà per salutare la folla, lasciandola indietro. Si rifiutò di consegnare alla sua assistente i bouquet che la gente le porgeva, causando vari intoppi. Non le importava. Si sentiva in paradiso.

Elisabetta invece non lo era per nulla, anzi era nera di rabbia anche se, secondo il suo stile, non lo dava a vedere. E non certo per le infrazioni della nuora alle norme cui tanto teneva, ma perché sulla duchessa di Sussex – era il titolo a lei concesso dalla regina – iniziavano a girare voci pesanti di bullismo – tutte da verificare – e opinioni invece più che consolidate sulla sua incapacità di seguire i doveri di una working royal. E ora la regina ne aveva la prova provata, palesata davanti ai suoi occhi. Solo l'amore per Harry la fece desistere da un severo richiamo.

Ma Meghan, a torto o a ragione, era una democratica americana catapultata in un mondo che non era il suo, che non amava, che non capiva ma voleva cambiare, come aveva fatto Diana, di cui si sentiva l'erede. Altro che cappellini e ponti... lei e Harry avrebbero ripreso programmi e progetti di Diana, svecchiando i Windsor col loro lavoro. Vecchiumi e parrucconi si facessero da parte davanti ai duchi di Sussex.

Di dover rispettare il lavoro degli altri, che esistessero ruoli e precedenze, o impegni da concordare, non le interessava, né Harry, che a differenza sua lo sapeva, provava a contraddirla, evidentemente d'accordo con i progetti della moglie. Inoltre, ambientarsi a corte sembrava impossibile alla nuova duchessa, sempre che avesse avuto intenzione di provarci. In breve, la sua mancanza di diplomazia e la palese estraneità al ruolo emersero all'attenzione generale, dentro e fuori dal Palazzo. E la regina, davanti all'evidenza, dovette correre ai ripari. Non voleva destabilizzare Harry, ma il problema andava risolto. Non sapeva né poteva immaginare come sarebbe finita.

Le differenze con la cognata – educata e rispettosa, monarchica lealista come la sua famiglia – furono subito sulla bocca del lato conservatore di Buckingham Palace, che non aveva mai approvato la scelta di Harry. E certe gaffe di Meghan, come accettare gli abiti delle grandi case di moda e i regali di chi ambiva a sponsorizzarla, furono la pietra tombale.

William era offeso e stava sull'Aventino, mentre Harry lo incolpava del cambiamento della stampa nei suoi riguardi. Vedeva nella moglie l'erede naturale di sua madre Diana e tutto quello che lei faceva in violazione del protocollo gli andava meravigliosamente, così come trovava ottime le idee di lavoro che Meghan sottoponeva al Palazzo e che venivano spesso cassate.

Forte di una parte della stampa che, a differenza dei conservatori, apprezzava la freschezza e l'anticonformismo di Meghan, Harry si rifiutò di mediare tra lei e l'establishment e accusò William e Camilla di manipolare i media che attaccavano la moglie, in particolare il suo esibizionismo (per la verità, piuttosto ingenuo: non capita a tutti di sposare il nipote della regina Elisabetta e un po' di ubriacatura è più che comprensibile). Così facendo, gettò le basi della Megxit e andò in rotta di collisione col fratello. Che, da parte sua, non fece nulla per tentare di trovare un compromesso tra le reciproche esigenze.

Kate esige delle scuse

William non amava essere oscurato, non apprezzava Meghan e riteneva che il matrimonio del fratello fosse un errore, tanto da arrivare alle mani con lui se dobbiamo credere a quanto narra Harry per mano di Moehringer in *Spare*, libro che tuttavia è pieno di falsi e inesattezze, come quella secondo cui l'arcivescovo di Canterbury Justin Welby avrebbe sposato lui e Meghan nei giorni precedenti alla cerimonia per consentire alla coppia di avere un momento privato. Welby ha smentito categoricamente questa affermazione, poi ripetuta dai Sussex durante l'intervista-bomba a Oprah Winfrey, e di nuovo smentita. In ogni caso il principe geloso era e rimaneva l'erede al trono, il secondo in linea retta dopo il padre.

Per Catherine la questione era del tutto diversa: lei era la commoner che aveva fornito tre bambini alla dinastia, dinastia ritenuta vecchia che altri – non lei e William – avrebbero rinfrescato e portato nel mondo moderno. Otto anni di matrimonio (e prima dieci di fidanzamento), di leale attaccamento al lavoro, di meticolosa osservanza delle norme del palazzo andavano in fumo così?

I duchi di Cambridge erano destinati a essere la versione un po' più giovane di Carlo e Camilla, mentre iniziative, glamour, lodi andavano ai Sussex? Lei doveva stare buona e zitta, mentre un'altra donna agiva calpestando tutto quello che lei si era impegnata a non trasgredire per farsi accettare? Tutto quello che aveva amato e rispettato, con buona grazia ma anche sacrificio? Beh, non ci contassero.

La prima mossa fu dettata dal cattivo umore: al matrimonio dei cognati indossò un abito praticamente uguale a quello portato al battesimo di Charlotte, un Alexander McQueen che tutti scambiarono per quello già visto. Ma il Palazzo ci tenne a sottolineare che, se uno era bianco, l'altro era di un giallo chiarissimo e che i vestiti si differenziavano perché il secondo aveva quattro bottoni sulle maniche. Verità o bugia? Sinceramente bugia: nessuno ha due vestiti quasi dello stesso colore che si distinguono solo per quattro bottoni. Catherine fece capire il suo fastidio per quanto le accadeva attorno e, con la sua impotenza davanti al totale disinteresse per l'etichetta degli sposi, decise di mettersi un vestito in cui stava comoda, che aveva già indossato dopo una gravidanza e che nascondeva un po' di pancetta residua perché non aveva la minima intenzione di farsene uno nuovo. Catherine non ha certo un guardaroba limitato. Voleva colpire, segnalare che c'era poco da festeggiare, niente che meritasse un capo di sartoria nuovo. Perché altrimenti scegliere tra i tanti completi a disposizione proprio quello identico a uno già usato per un'uscita pubblica? Un dispetto, se vogliamo, che dimostra che anche a *Waity Katy* qualche volta saltano i nervi.

In realtà, tutta la cerimonia fu difficile per lei: nelle immagini la si vede dietro a Charlotte, abbigliata col famigerato vestito della lite, mai riadattato e quindi largo e sgraziato. La duchessa di Cambridge ride poco, sta in disparte. Un po' per non mettere in ombra la sposa, un po' perché chiaramente per nulla a proprio agio, ancora un po' gonfia, come intimidita. Un giorno complicato per la duchessa di Cambridge abitualmente zen.

Catherine è, di natura, una persona tendente alla mediazione, ma in quei mesi fiutava nell'aria solo e solamente l'intenzione di gettare discredito su di lei e il marito. Torto, ragione? Di certo, essendo la moglie di William, condivideva i suoi punti di vista, però aveva voluto bene a Harry, che tanto l'aveva aiutata a inserirsi a corte negli anni del fidanzamento, sostenendola in famiglia quando William era in missione, e sarebbe stata ben lieta di mediare tra i fratelli se la testardaggine di entrambi non fosse stata superiore alle capacità di conciliazione di chiunque. I Sussex andavano avanti come caterpillar, convinti di eseguire il testamento morale di Diana, che peraltro non si era mai permessa né prima né dopo il divorzio di comportarsi come Meghan saltando impegni, accettando regali, parlando a ruota libera.

L'ambiente del Palazzo, anche il più aperto, iniziava a essere stufo dei due duchi, mentre Catherine aveva sempre più chiaro che, se voleva tenere testa alla cognata, doveva ridisegnare il suo ruolo. Come al solito a modo suo: senza oscurare William, senza trascurare i bambini. Non poteva più permettersi di essere trattata da stupida, di assumersi tutti i doveri del cerimoniale, di dover smussare tutti i guai combinati dai Sussex nell'ufficio che avevano in comune senza che nessuno le riconoscesse nulla. Quanto all'accusa che non ricordava dei dettagli perché preda del baby brain, beh, quello Meghan doveva rimangiarselo. Per la prima volta in diciott'anni, Catherine esigeva delle scuse.

Aveva chiuso un occhio sulle offese alla madre, lasciato correre i commenti acidi sulle sue case poco aristocratiche, sorvolato su tante malignità. Ma era ora di finirla con la tolleranza verso tutto e tutti. Due volte buono vuol dire stupido.

Lasciò passare matrimonio, viaggio di nozze e, al momento giusto, presentò il conto. L'episodio, che sfuggì ai media e viene raccontato da Harry in *Spare*, avvenne a Kensington Palace, dove William e Kate invitarono i neoduchi di Sussex per un tè. Un vero e proprio *redde rationem*.

William partì da un argomento futile, i segnaposto: disse al fratello che la sua festa di nozze era stata un'americanata, una cosa di cui avrebbe potuto fare a meno, dato che ormai era fatta e non lo riguardava personalmente. L'atmosfera si fece tesa e sempre più densa di elettricità, finché Catherine non attaccò Meghan frontalmente e senza possibilità di equivoco, una mossa che né William né Harry erano abituati a vedere.

Così riporta *Spare*.

«Kate spostò lo sguardo verso il giardino stringendo

i bordi della panca con tale forza che le nocche le erano diventate bianche e disse che le dovevamo delle scuse. Meg chiese: "Per cosa?"...»

Kate citò la famigerata conversazione in cui avevano discusso delle prove del matrimonio durante la quale Meghan l'aveva offesa. E Meg le rispose: «Ora ricordo, ti ho detto che non era grave ma che era il baby brain dato che avevi da poco avuto un bambino. Sono gli ormoni».

Catherine rispose: «Non siamo abbastanza intime perché tu possa parlarmi dei miei ormoni...». L'altra spiegò di non voler dire nulla di male...

Non si chiarirono: un caso lampante di incomunicabilità al termine del quale William diede della maleducata a Meghan, che gli rispose a tono.

Si separarono con freddezza, come riporta Harry, anche se ancora non si poteva parlare di frattura ma di idee e impegni così diversi da diradare la reciproca frequentazione.

Il temporale, però, si annunciava all'orizzonte.

Il vaso trabocca

William non aveva del tutto ragione nel non sopportare Meghan. Era geloso che Harry iniziasse ad avere una vita personale serena e interessi propri, una sua casa, i suoi affetti. Rancoroso come se il nuovo Harry gli avesse sottratto qualcosa. E aveva torto, avrebbe dovuto gioire della sua felicità, del fatto che il fratello avesse di nuovo la famiglia perduta con la morte della loro mamma. Del resto, non era la strada che aveva seguito per sé?

Il risentimento gli impediva di vedere che suo fratello si teneva lontano dall'alcol, non faceva stupidaggini come una volta, aveva adottato lo stile di vita salubre della moglie e appariva appagato.

Peccato, però, che assieme a queste cose senza dubbio positive, ce ne fossero altre che rendevano tutto complicato: i Sussex avevano reso impossibile la vita ai dipendenti di Kensington Palace e fu necessario separare gli staff (lo spostamento degli uffici avverrà nel 2019). Per l'occhio del mondo fu spiegato che le due coppie di duchi avevano ormai impegni diversi, con l'esigenza di avere quindi addetti stampa differenti, tuttavia i due fratelli si accusavano a vicenda di influenzare negativamente la stampa l'uno contro l'altro e la situazione era diventata invivibile. In più Meghan voleva andare a stare fuori Londra e desiderava un'abitazione propria. Con la sua tipica modestia, aveva domandato di risiedere nel castello di Windsor e la regina aveva assegnato a lei e Harry la dimora di Frogmore House, nel territorio del castello.

Tutto bene? No, perché ormai il personale aveva iniziato a parlare. Se Meghan aveva, magari senza volerlo, per ingenuità, offeso Catherine, di certo era arrogante e poco abituata a trattare con lo staff, fino ad assumere un comportamento davvero insostenibile. Chiamava chiunque a qualsiasi ora, pretendeva di tutto, in qualità di duchessa di Sussex. Harry, da sempre cordialissimo, non cercava minimamente di spiegarle che lo staff di un palazzo reale non è minimamente paragonabile alla segreteria di produzione di una serie televisiva e ne scusava ogni intemperanza. La difendeva a spada tratta, mentre i media gongolavano per aver scovato la gallina dalle uova d'oro. L'ex attrice afroamericana, a torto o a ragione, faceva notizia (la maggior parte delle volte del tutto ingiustificata, per atteggiamenti assolutamente innocui ma eccessivi, come del resto tutto in lei).

Abituati ai modi felpati del Palazzo, i dipendenti si licenziavano e, per prima cosa, rilasciavano dichiarazioni alla stampa. In poco tempo, Meghan divenne «*Duchess Difficult*». Le copertine su di lei, una manna. I social, una miniera.

Poi la bomba: Jason Knauf, ex addetto stampa dei Sussex, fece un esposto formale contro Meghan descrivendo l'inaccettabile comportamento dell'ex attrice verso un collega il cui nome non è stato divulgato.

Il documento fu letto da William che si arrabbiò moltissimo: per colpa dell'odiata cognata vedeva interrotta la tradizione per cui i dipendenti di Palazzo guadagnano poco ma sono trattati dai reali come una grande famiglia. Gli screzi col fratello peggiorarono fino alla rottura. Lo scritto arrivò anche alla regina, che lo insabbiò. Non voleva uno scandalo in quel momento, se ne sarebbe occupata se le cose fossero peggiorate. Non immaginava neanche lei quanto presto.

William era diventato deliberatamente scortese con i duchi, Catherine pazientava. Entrambi sapevano che Elisabetta, che ormai aveva chiara la situazione, stava cercando di intervenire senza danneggiare Harry, che vedeva felice, ma salvando anche la pace dei suoi dipendenti. L'allontanamento dei due a Frogmore House era uno degli elementi della sua strategia.

Ma il pretesto per rendere Meghan un esponente poco gradito da tutta la famiglia, e non solo da William, lo offrirono le nozze della principessa Eugenia di York, l'amata cugina alla quale Harry aveva presentato la fidanzata durante i primi soggiorni a Londra e che l'aveva aiutata a inserirsi.

Il matrimonio di Eugenia

Eugenia sposava, nella St George's Chapel – la stessa delle nozze dei duchi di Sussex – del castello di Windsor, il mercante di vini dell'alta borghesia inglese Jack Brooksbank. Dopo il matrimonio della principessa Anna, era la prima sposa reale dei Windsor da quarantacinque anni e, anche se la sua cerimonia non sarebbe stata fastosa come quella di Harry qualche mese prima, c'era un clima di festa familiare.

Elisabetta II le aveva riservato la tiara Greville, un meraviglioso diadema di oro bianco e smeraldi che Meghan aveva chiesto con insistenza (al diniego erano uscite le prime chiacchiere sui suoi capricci e sulle risposte maleducate di Harry alla stilista della regina Angela Kelly, che non gliela faceva provare: quel «*what Meghan wants, Meghan gets*» che aveva indignato sua maestà); il duca d'Edimburgo, per l'occasione, aveva accettato di aprire una tregua con la madre di lei, quella Fergie che non vedeva da trent'anni, dal giorno in cui l'aveva buttata fuori da Balmoral per adulterio.

Tutti i cugini erano riuniti a farle festa.

Eugenia, da bambina, aveva avuto una seria scoliosi che per un periodo aveva fatto temere che non potesse condurre una vita normale. Adesso stava bene, si stava sposando e tutti volevano che fosse felice nel suo gran giorno.

Quella mattina – il 12 ottobre del 2018 – Catherine era in forma smagliante, ben decisa a rifarsi dei bocconi amari ingoiati alle nozze di Harry. Un abito di Alexander McQueen ne sottolineava la ritrovata silhouette, il vento le alzò la gonna svelando le magnifiche gambe. Tutto in lei annunciava positività, sicurezza, fiducia in sé stessa. Non era più la donna appesantita che pochi mesi prima non aveva voluto sfoggiare un completo nuovo e si era dedicata tutta ai bambini, scegliendo per sé una posizione defilata. Charlotte era deliziosa nel suo ruolo di damigella d'onore, con un vestitino che le calzava a pennello. La regina e il duca sorridevano da un orecchio all'altro, così come gli altri familiari.

Una rappresentazione perfetta che Meghan – probabilmente eccitatissima da quanto le stava accadendo e incapace di resistere a un'occasione mondana come un matrimonio reale, luogo ideale per farsi pubblicità – distrusse annunciando la sua prima gravidanza ai nuovi parenti.

Elegante, in abito e cappotto blu, Meghan tenne tutto il giorno le mani sulla sua pancia di pochi giorni a sottolineare il suo stato e suscitò una serie di sospetti che deviarono l'attenzione da Eugenia danneggiandole la festa di nozze. Sara Ferguson, offesissima, fece fatica a sorriderle e a salutarla, gli altri si complimentarono tutti con Eugenia, il cui abito era fatto apposta per mettere in risalto la cicatrice dell'operazione che le aveva curato la scoliosi, segno che mostrava con coraggio. Eppure, il matrimonio reale della principessa di York era rovinato e il risentimento verso la duchessa di Sussex che le aveva rubato la scena si diffuse tra gli ospiti.

Per Meghan, anche in famiglia, iniziava il declino. Per tutti, all'improvviso, William era quello che ci aveva visto giusto fin dall'inizio.

Catherine era di nuovo in sella. Una nuova Catherine, sicura, sorridente, protagonista, non più una mamma e una moglie in seconda fila, due passi indietro.

Il Covid

La risalita di Kate e la nascita della donna che vediamo oggi ha una data, il 2019, l'anno della Megxit, l'anno prima del Covid, il periodo in cui la sua stabilità fu di grande aiuto quando si sollevò lo tsunami Sussex destinato a finire con l'uscita della coppia dalla famiglia reale.

Catherine fece da ponte tra William e il padre, mentre lo scontento di Harry diventava sempre più forte e il rapporto tra i fratelli si deteriorava fino a diventare insanabile.

Intanto Meghan, incinta, dopo un iniziale idillio, era il bersaglio ideale per la stampa. Non appena annunciata la gravidanza, era partita per l'Australia con Harry realizzando un buon successo personale. Poi i capricci, le pretese, le spese per la ristrutturazione di Frogmore erano filtrate sui media, sempre alla ricerca di materiale sui royals, che la attaccavano quotidianamente incalzati dai social dove la gente si indignava per come scialacquava i soldi dei contribuenti.

Nella famosa intervista a Oprah Winfrey rilasciata dopo la fuga dal Regno Unito, Meghan ha accusato i Windsor dicendo che non l'avevano protetta dalla stampa negativa ma, anche in questo, dimostrava di non capire le dinamiche della famiglia reale. E non troppo bene neanche quelle della libertà di stampa. Una regina non può fermare la stampa perché la duchessa di Sussex si sente oltraggiata. Tutti le consigliavano di fare come Camilla, che aveva lasciato correre per anni. Ma lei non ci stava, si scontrava ogni santo giorno con l'ufficio stampa dell'allora principe Carlo, che non intendeva cambiare la sua linea. Harry le dava ragione. Le liti erano continue.

In più Meghan si agitava moltissimo per «definire il suo ruolo», senza capire che, in realtà, era quello che le avevano assegnato: non c'era un posto dove lei avrebbe avuto più visibilità o più impegni per brillare oltre a William e Catherine accanto alla regina, novella Diana senza ostacoli. Doveva seguire l'organizzazione della famiglia, «The Firm», la ditta, come la chiamava il duca di Edimburgo e non lo sopportava.

Meghan aveva avuto modo di toccare con mano le disparità tra la vita di Harry e quella di William e ne soffriva. Notava che uno aveva una casa più bella, più soldi, più staff e non capiva che gli erano dovuti perché, a differenza del fratello, era destinato a essere il re d'Inghilterra. Al Remembrance Day non sopportò di vedersi posizionata in un balcone laterale, lontana da Kate, Camilla e la regina, ovviamente in prima fila, e ne fu visibilmente infastidita. Harry non le spiegava nulla (come avrebbe dovuto) e lei, da americana, non poteva afferrare la situazione: le sembrava di subire ingiustizie incredibili, un affronto che, sommato alla frustrazione lavorativa, la faceva stare male davvero. Il che non aiutava il suo carattere prepotente.

Catherine, di contro, appariva serafica e affidabile e ben più presente rispetto agli anni precedenti. Su esempio della cognata, aveva smesso di vestire sempre e solo in modo formale e iniziava a far trasparire il gusto personale. Durante un tour in Pakistan, era stata aperta e cordiale, non solo una bella donna al fianco del marito, e aveva chiesto di visitare un villaggio di Sos Children, rivelando, nelle varie tappe, anche un grande talento sportivo e un buon senso dell'umorismo.

Ma era in famiglia che il suo lavoro di tessitrice si rivelava indispensabile e le sue capacità diplomatiche necessarie per la pace generale. Mantenne la calma durante le risse quotidiane e la fece mantenere a William, Carlo la definì «la figlia che non ho mai avuto» perché, grazie a lei, il suo rapporto con il primogenito si era normalizzato. Portò ovunque serenità. La regina, in segno di riconoscenza, la nominò Dama di Gran Croce dell'Ordine Reale Vittoriano.

Tentò anche di addolcire il rapporto con Meghan accompagnandola a Wimbledon (con sua sorella Pippa, nel caso avesse avuto bisogno di aiuto) e invitandola per un picnic dopo la nascita di Archie, ma non ebbe successo. Gli strali di Meghan l'avrebbero colpita dopo la

Megxit, ma intanto riuscì a nascondere agli inglesi e alla stampa quella frattura che si stava sempre più allargando e che, a fine anno, l'avrebbe costretta a fare muro con William e la regina contro i duchi di Sussex e la loro pretesa di restare nel Regno Unito a mezzo servizio.

In un anno fece più passi avanti che nei precedenti otto. La linea vincente era tracciata.

La rottura

È difficile spiegare lo choc che la fuga di Harry in Canada con Meghan e Archie causò alla famiglia reale e l'impossibilità di acconsentire alla sua richiesta di lavorare in Nord America e mantenere i suoi impegni in Inghilterra.

L'incapacità di mediazione del duca di Sussex, sommata al clamore delle interviste di Meghan in cui affermava di avere pensato al suicidio in gravidanza, avevano fatto precipitare tutto.

In realtà, vi sono molti principi europei, valga per tutti l'esempio di Carlo Filippo di Svezia, fratello della principessa ereditaria Vittoria, che vivono all'estero e si presentano in patria per le grandi occasioni. Harry avrebbe potuto seguire le loro felpate tracce, ma per il suo temperamento irruente non era in grado di costruire un'uscita di scena graduale che rendesse più serena Meghan e garantisse a lui un ruolo o il mantenimento dei suoi impegni. Doveva e voleva far scoppiare la bomba, un tratto del carattere tipico di sua madre, perfetto per mettersi nei guai.

Fatto sta che Carlo si trovò improvvisamente con un figlio invece che due, William senza rete e la regina privata di un'importante risorsa, situazione aggravata dall'improvviso e necessario allontanamento del principe Andrea dopo lo scandalo Epstein.

Ancora una volta spettò all'anziana sovrana trovare una soluzione e cavare le castagne dal fuoco. Il giovane aveva pensato di poterle imporre un aut aut con il suo annuncio – dato peraltro prima alla stampa – di voler vivere in due Paesi? Aveva fatto male i suoi conti. Elisabetta era molto attaccata al nipote ma non accettava di essere presa in contropiede come sovrana.

In un comunicato, prima discusso con Carlo possibilista e William fuori dalla grazia di Dio, la regina spiegò che amava moltissimo e capiva i Sussex, ma che le loro richieste erano irricevibili. Di fatto, buttò fuori dalla famiglia loro e la loro intenzione di vendere marmellate firmate come Altezze Reali. Se Meghan si liberava dei carichi di corte che non aveva mai sopportato ed era di nuovo felice di vivere a modo proprio nel suo Paese natale, Harry perdeva tutto tranne il rango di principe. Euforico al momento della fuga in Canada, se ne sarebbe amaramente pentito.

Carlo si dovette adattare. William e Catherine si trovarono improvvisamente soli a gestire la staffetta reale e con tre figli piccoli sui quali non potevano ovviamente contare.

Per Catherine il trasferimento in Nord America era incomprensibile, un vero e proprio tradimento alla corona. E se prima aveva teso più di un ramoscello di ulivo, la gravità dell'accaduto le impediva di mediare ancora. Adesso tutta la sua lealtà andava alla sovrana abbandonata, a Carlo, al marito ferito e sempre più solo.

William era sconvolto. Nel giro di poco tempo aveva perduto il fratello con cui aveva condiviso l'infanzia e la tragedia della morte della madre, la spalla su cui aveva fatto affidamento per il futuro, il ragazzo che (anche se non voleva ammetterlo) non aveva mai voluto comprendere nei suoi desideri di amore e autonomia. Harry chiedeva per sé una famiglia come la sua e lui, invece che incoraggiarlo, lo aveva deriso e maltrattato. Il dolore della perdita si alternava alla rabbia mentre ragionava anche su alcuni tratti del carattere di Harry che lui conosceva molto bene, mentre gli altri, anche in seno alla famiglia, no. Il mai superato choc per la perdita della mamma, la fragilità, la tendenza alla paranoia che era stata tipica anche di Diana. E si rendeva conto di non poterlo più proteggere.

Inoltre, la sua situazione di erede al trono senza scorta, cioè senza un fratello o una sorella in grado di sostenerlo e di prendere il timone degli affari di Stato se fosse stato momentaneamente inabile, lo rendeva il principe ereditario più fragile che mai i Windsor avessero avuto dopo la regina Vittoria. Un caso anche per le altre monarchie europee.

Suo padre, oltre a lui, figlio primogenito, aveva tre fratelli (magari due, se si esclude il reietto Andrea) pronti ad affiancarlo e prenderne le veci in caso di malattia o bisogno, lui aveva solo Catherine e tre bambini non in età da poter aiutare. Una situazione pesante che confidava spesso alla moglie.

Per confortarlo, Catherine fece una cosa che non era tipica della sua natura diplomatica: si schierò nettamente col marito nella sua ferma intenzione di non voler vedere né sentire il fratello e la cognata, da lui considerati traditori. E anche quando i Sussex tornarono in Inghilterra per esaurire i doveri reali che avevano concordato prima della Megxit, li ignorò completamente e non ne fece mistero in pubblico. Senza una reale convinzione di William, Kate non poteva provare a fare da paciera. E che quelli facessero quello che volevano.

Il lockdown

Nel marzo del 2020, la Gran Bretagna, come tutto il resto del mondo, fu investita dall'epidemia di Covid e la famiglia reale si trovò in isolamento. La regina a Sandringham, Carlo in Scozia, William e Kate ad Amner Hall. Da qui entrambi guidarono la rivoluzione telematica della Firm introducendo il lavoro online, lottando giornalmente per far proseguire le loro iniziative ed essere sempre presenti secondo la lezione di Elisabetta per la quale farsi vedere era il requisito più importante per un reale.

In più Catherine aveva i figli a casa, lontani da scuola. E dovette inventarsi maestra per non farli restare indietro nello studio.

Risale proprio a quei giorni difficili la nascita della Kate che vediamo ora, informale e pratica nella vita di tutti i giorni: via calze, trucco da parata, elaborate architetture per alzare i capelli, vestiti matronali anche se firmati dalle migliori case inglesi. Finché è vissuta Elisabetta II, Catherine ha cercato di innovare il proprio look secondo il suo nuovo modo di sentire senza però offendere l'anziana sovrana, già duramente provata. Con equilibrio, come sempre, ma dimostrando che una certa Catherine era stata spazzata via dal ciclone Meghan e che quella nuova, ricca di idee, propositiva, giovane e fresca, era molto più funzionale all'immagine pubblica dei Windsor della precedente. Immagine che puntava tutta su di lei e William, specie nelle serate di gala, dato che Carlo e Camilla non erano certo in grado di bucare l'obiettivo come i due giovani duchi di Cambridge.

Con una rivolta chiara anche se non urlata contro tutte le Lady Hussey della regina, Catherine stabilì da sola dei canoni per le proprie comparsate pubbliche negli asili o negli ospedali: doveva essere corretta ma concreta, elegante ma dinamica: cappotti comodi, gonne longuette per potersi chinare, giacca e pantaloni all'insegna della praticità. I vestiti d'effetto e i gioielli sarebbero stati riservati alle occasioni di Stato e ai momenti mondani.

Inoltre Catherine giunse alla conclusione che in un mondo dove persino papa Bergoglio andava a piedi dall'ottico per un cambio occhiali, certe maniere erano anacronistiche. Dal suo pc, la gente vedeva la casa borghese dei due eredi al trono, una donna graziosa ma con i capelli sciolti (era senza parrucchiere come tutte), il terribile disordine dei bambini spesso chiusi in casa dal maltempo. Le immagini di Louis sporco di tempera fecero sorridere più di una madre.

«Se anche i bambini reali sono sporchi dopo aver giocato» pensavano le donne chiuse in casa o al massimo nel proprio giardinetto senza alcun aiuto «perché i miei dovrebbero essere puliti?»

E questo le consolava, trasmettendo il messaggio che anche i reali erano nella situazione di milioni di inglesi.

«Sono diventata anche parrucchiera» confessò a un certo punto Catherine online «i bambini ti tirano in mille direzioni, alla sera ci si sente esausti.»

Milioni di concittadine si rispecchiarono nelle sue parole, sentendosi capite.

Le sue sortite sul web, la sua freschezza, la sua vera conoscenza della quotidianità di una famiglia normale diventarono la chiave di un buon successo, ma andarono a costituire la base della sua successiva adorazione popolare. Se Diana era stata la principessa delle favole, Catherine era la ragazza della porta accanto che, vestita di gala, rappresentava meravigliosamente il Paese, ma nella vita di tutti i giorni condivideva abitudini e problemi della gente comune.

William approvava con entusiasmo. Lo scongelamento del ruolo della consorte aveva effetti benefici anche su di lui, rendendolo più disinvolto e alla mano. La aiutava. Poi, conscio di essere un privilegiato per gli inglesi, un principe nato e vissuto a Palazzo reale, cercò – per la prima volta – di far capire alla gente come viveva. Senza tacere nulla.

«Siamo molto fortunati a stare in campagna, ci sono lepri, Louis adora i trattori. Alla fine della giornata con i bambini all'aperto, sei stupefatto di quante cose hai fatto. E distrutto» rivelò un po' impacciato, ma rinunciando all'abituale freddezza. Insomma, riuscirono a comunicare un'idea nuova della famiglia ereditaria senza tradire i loro ideali. Fu in quei giorni che Catherine capì quanto fossero importanti per lei la vita all'aria aperta e il contatto con la natura. Lo aveva sempre saputo ma, forse perché costretta per la prima volta da tempo a vivere in campagna, sentì che dalla contemplazione del verde e della natura trovava forza ed equilibrio. Una serenità che le sarebbe stata di grande aiuto durante la guerra al tumore.

Un brutto momento fu quando Carlo contrasse il Covid e subito dopo fu contagiato William, mettendo in pericolo l'integrità della linea retta. La regina aveva novantaquattro anni, George era ancora un bambino. Camilla e Catherine si coalizzarono per non far filtrare in pubblico la gravità della situazione: il numero uno della successione e il numero due fuori combattimento. Per fortuna entrambi si ripresero molto presto, ma l'episodio fece toccare con mano quanto importante sarebbe stato avere Harry in patria invece che nella sua casa a Montecito, in California.

Mentre la tempesta passava, i due duchi facevano piani per l'avvenire, nuove strategie da mettere in atto per far fronte all'assenza di Harry.

Non immaginavano che il 2021 avrebbe portato loro due dure prove: l'intervista-confessione di Harry e Meghan a Oprah Winfrey, destinata a suscitare un vespaio, e la morte del principe Filippo.

4
Nascita di un'icona

Grandi cambiamenti

Il penultimo anno di regno di Elisabetta ricorda da vicino l'*annus horribilis* di cui lei stessa parlò, quel 1992 in cui divorziarono Carlo e Anna e poi andò a fuoco il castello di Windsor. E se l'intervista da Montecito, col suo carico di risentimento e mezze verità, fece capire alla malconcia regina che la speranza di riavere in patria Harry era finita, lo scandalo che travolse il duca di York, accusato di pedofilia per la sua relazione con la diciassettenne Virginia Giuffrè, schiava sessuale del suo – ahimè – buon amico Epstein e la morte di Filippo diedero veramente il senso del tramonto di un'era e questo anche se, per l'anno seguente, si preparava il Giubileo dei settant'anni di regno dell'anziana regina e tutto sembrava andare nella consueta direzione: un Palazzo immobile, insensibile agli scandali ma capace di organizzare, ancora una volta, il trionfo della sovrana. La verità, però, è che scricchiolava tutto.

Il primo guaio, in ordine di tempo, arrivò dagli Usa. E questo mentre Filippo, quasi centenario, veniva ricoverato in ospedale, dove sarebbe rimasto a lungo. Una volta tornato a casa, non sarebbe più stato lo stesso.

L'intervista di Oprah

Da tempo Catherine si domandava perché Meghan avesse voluto alle sue nozze personaggi dello star system che quasi non conosceva, come la giornalista Oprah Winfrey. Non sapeva che in Usa la donna era soprannominata «regina di tutti i media», che fosse proprietaria di una rete televisiva on demand – la Oprah Winfrey Network – e, pur conoscendone la fama, non aveva idea di quanto contasse realmente. Meghan invece sì. E già da prima delle nozze brigava per avere uno spazio nella sua trasmissione. Un desiderio che si realizzò l'8 marzo del 2021, destinato a seppellire per sempre qualsiasi possibilità di pace tra i Sussex e la famiglia reale.

Seduta nello studio della grande giornalista Usa dal volto comprensivo, apparve una Meghan con gli occhi truccati di nero – come Diana nella famigerata intervista a Martin Bashir nel 1995 per il programma *Panorama* della BCC. Incinta, in splendida forma, la duchessa di Sussex, spalleggiata dal marito, accusava la famiglia reale di tutto, per prima cosa di razzismo nei suoi riguardi.

Si erano domandati di che colore sarebbe stato Archie, non avevano voluto dargli un titolo nobiliare, non l'avevano aiutata quando aveva avuto propositi suicidi. Accuse su accuse che disegnavano lei e Harry come una coppia ingiustamente perseguitata, praticamente costretta a fuggire dal Regno Unito a seguito dell'accanimento del Palazzo verso Meghan, dal razzismo con cui era trattata, dai dissidi che anche Catherine aveva contribuito a creare facendola piangere prima del matrimonio a causa del vestito di Charlotte e poi trattandola con freddezza persino a Wimbledon, dove erano apparse insieme.

Meghan sembrava la bocca della verità mentre sorrideva enigmaticamente toccandosi di continuo la pancia (un suo vezzo), come qualcuno che sia sfuggito a un grande pericolo. E mentre in Inghilterra la famiglia reale si infuriava, il mondo si domandava chi avesse fatto insinuazioni sul nascituro Archie e perché non avessero voluto dargli un titolo. Non volevano forse un principe nero? E perché avessero così maltrattato una coppia innamorata costringendola alla fuga, come Diana prima di loro, portandola a morire nel tunnel dell'Alma. «Devo difendere la mia famiglia» aveva detto Harry. Il due più due era chiaro. Se fossero rimasti, chissà cosa sarebbe successo, facevano intendere.

Ebbero un'audience enorme, mentre Oprah si guardava bene dal provare a fare un contraddittorio e li lasciava parlare a ruota libera.

Per primo saltò per aria Justin Welby, l'arcivescovo di Canterbury che li aveva sposati. La coppia affermava che le vere nozze erano avvenute prima dell'evento mondiale. Il royal wedding era stato solo uno spettacolo mondano. Welby negò a testa bassa, li sbugiardò sostenendo che quanto dicevano lo avevano sognato, che il matrimonio era stato uno solo, quello che tutti avevano visto in tv, e che mai lui avrebbe sposato una coppia due volte.

Sul titolo di Archie, parlarono le norme dei Windsor. Finché era viva la regina, al bambino spettava solo il titolo di Master; quando Carlo fosse diventato re, sarebbe diventato principe. Nessuno poteva cambiare le regole, piuttosto appariva strano che Harry, edotto per nascita, non le avesse spiegate alla moglie, che ora ne disquisiva accusando i Windsor di avere discriminato il bambino.

Fu l'attacco più grave mai condotto verso Elisabetta e la sua famiglia dall'intervista di Diana. E quando Meghan finì di parlare, la sovrana dovette pensare a un comunicato di risposta, contrariamente a quanto faceva di solito attenendosi alla sua norma aurea «*never complain, never explain*». C'era stato troppo fango per tutti: Carlo, Camilla, William, il suo staff. E Catherine capì che l'era della diplomazia era finita. Per difendere sé stessa e la sua famiglia, nonché quella monarchia in cui lei credeva fermamente, doveva dimenticare il loro fraterno passato e contrattaccare i Sussex.

Con la regina toccata nel ruolo e la cognata contro, Harry era spacciato.

William ruggì con i giornalisti pochi giorni dopo la messa in onda *worldwide* delle parole del fratello. «Non siamo assolutamente una famiglia razzista» dichiarò tra i denti, mentre la moglie taceva.

Catherine mantenne sempre la calma. Ma era stata offesa. Non si trattava più dell'accusa di baby brain ma di un attacco a lei, suo marito, i figli, il loro futuro: tutto quanto aveva di più caro al mondo. Intendeva contare nell'argomentazione di risposta. Nei giorni successivi, si sedette accanto a William con la regina, l'allora principe Carlo e i consiglieri e si procurò un ruolo nella risposta di Elisabetta: «Le questioni sollevate, in particolare quella della razza, sono preoccupanti. Sebbene alcuni ricordi possano variare, sono presi molto sul serio e saranno affrontati dalla famiglia in privato».

La frase sui ricordi è stata voluta da Catherine, che si è schierata per un tono duro della risposta reale. Per il resto non ha mai detto una parola in pubblico neanche quando, nella versione olandese del libro *Endgame* di Omid Scobie, l'addetto stampa di Harry e Meghan, le battute sul colore di Archie sono state attribuite a lei e poi subito smentite. L'unica frase pronunciata dalla duchessa di Cambridge in quel frangente è stata una battuta: «L'analisi non fa bene a tutti». E chi ha orecchie per intendere intenda.

Catherine si era finalmente emancipata dal suo ruolo secondario. Non era più la cauta ragazza che per Natale aveva regalato un chutney alla regina e si era poi commossa quando lo aveva visto servito in tavola. Ora era piena di iniziative sociali e artistiche da portare a termine. Non subito, però, perché, malato da tempo e quasi centenario, morì il duca di Edimburgo.

Catherine al funerale

La morte del principe Filippo, dopo settantatré anni nella famiglia reale, ha rappresentato una fase di passaggio per la corona. Veniva a mancare la «roccia» della regina, l'uomo di cui si era innamorata giovanissima. Le immagini di quei giorni rimandano un'Elisabetta attonita, con la mascherina, sola in chiesa per via del distanziamento sociale. E, per quanto fosse già in programma il Giubileo per i settant'anni di regno, era chiaro che anche l'anziana regnante aveva imboccato la via del declino. Il momento era pessimo: i problemi di Harry, quelli di Andrea, l'insicurezza tipica della fine di un regno lunghissimo che si avvertiva nell'aria. Perché, se Elisabetta aveva tenuto lo scettro, la gestione della famiglia, la modernizzazione della monarchia (nei primi anni, poi ovviamente il processo si era fermato, data l'età di entrambi), le iniziative a favore del pianeta erano state di Filippo: una squadra che aveva funzionato alla grande.

Al Paese si mostrò un corteo funebre sobrio, così come richiesto dal defunto, con Harry e William separati fisicamente dal cugino Peter Phillips – figlio della principessa Anna – in modo che non litigassero, tanta era la paura di uno scandalo. Troppo poco tempo era passato dall'intervista americana e gli animi erano esacerbati, oltreché addolorati.

Fu in quella difficile giornata di aprile, con la rissa tra i fratelli che poteva scoppiare da un momento all'altro in pubblico, Carlo distrutto, la regina invecchiata e improvvisamente fragilissima agli occhi di tutti, che Catherine si mostrò nella sua nuova, meditata, veste: quella di *queen in waiting*. Camilla, si sapeva, era troppo anziana e poco tagliata per tenere alta la bandiera dell'eleganza e della bellezza della dinastia reale: saltare una generazione era necessario. Di sicuro sarebbe stata lei la regina *de facto*, ma sarebbe stato compito di Catherine portare avanti la narrazione dei Windsor avviata da Filippo, storia così importante per la sopravvivenza della monarchia. Un mix di favola, eleganza, opere di beneficenza, presenza sul territorio.

Ne era passata di acqua sotto i ponti per la donna che si era fatta accusare di baby brain e quasi bullizzare dalla cognata. E ancora più tempo era trascorso dal suo ingresso a corte in punta di piedi per non disturbare, giovane, diligente e secchiona, come era stata giudicata da tanti. Ma il 17 aprile del 2021, apparve una Catherine in forma eccezionale: il fisico snello era avvolto da un cappotto rigorosamente nero dello stilista francese Roland Mouret, dritto e liscio, ornato solo da un fiocco alla scollatura. I capelli erano raccolti in un morbido chignon e rifiniva l'acconciatura un cappello semplice, perfetto per una cerimonia funebre ma reso aggraziato da una veletta corta sulla fronte. Al collo, la giovane portava un choker importante di perle e brillanti appartenuto alla regina e indossato in qualche occasione dalla principessa Diana. La maschera nera da Covid faceva risaltare i begli occhi di Catherine che appariva davvero regale: l'erede morale del duca di Edimburgo, la donna che avrebbe dedicato tutta la sua vita alla famiglia reale. Del resto, non lo faceva da anni?

La commoner da prendere in giro, Caterina la Grande, la ragazza che non sapeva tenere la casa come un'aristocratica era scomparsa per cedere il passo a una donna affascinante, piena di qualità e di capacità che stava imparando a far conoscere a tutti.

Harry era arrivato senza Meghan, troppo avanti nella seconda gravidanza per potere viaggiare. L'ostracismo della famiglia e degli stessi inglesi nei suoi riguardi fu subito chiaro. Quello che era stato l'esponente più popolare dei royals era un giovane ignorato dai suoi e criticato dal suo popolo. Un uomo isolato, smarrito, solo.

Catherine non gli rivolse la parola, ma quando lui le si accostò per dirle qualcosa lo ascoltò e raggiunse con lui William perché potessero parlarsi un'ultima volta, magari celebrare quel nonno che nel 1997, a settantasei anni, si era fatto a piedi il corteo funebre della principessa Diana per non lasciarli soli.

Sebbene i rapporti fraterni non si fossero risanati, tuttavia la presenza equilibrata della moglie di William impedì che precipitassero; di certo, se ci fosse stata anche Meghan, sarebbe finita male.

Fu in quel giorno che Catherine, duchessa di Cambridge, raccolse l'eredità del duca di Edimburgo davanti agli occhi di tutta la nazione. Cui non sfuggì come avesse consolato e incoraggiato anche l'allora principe Carlo, profondamente addolorato e stupito dal lutto. Si era convinto che il padre sarebbe arrivato ai cent'anni, che avrebbe compiuto neanche due mesi dopo, ed era sotto choc e tristissimo.

Il Paese aveva finalmente trovato una figura in grado di far rivivere la favola di Diana, ma anche di garantire stabilità ai Windsor.

Tra favola e realtà

Consacrata come la donna che doveva donare alla casata il glamour che Camilla non era in grado di garantire per età, Catherine aveva anche in mente uno svecchiamento generale dell'immagine pubblica della famiglia. Da un lato, i grandi eventi, le serate a Palazzo, i viaggi, tutte occasioni dove era necessario sfoggiare abiti e gioielli, dall'altro, la vita di tutti i giorni dove un certo modo di presentarsi non era più attuale.

Di certo, viva la regina, non potevano essere cestinate le sue regole auree, ma piano piano bisognava innovare. In più, senza offendere nessuno, era anche il caso che la giovane famiglia dei duchi di Cambridge iniziasse ad avere una posizione di rilievo anche nei fatti salienti del Paese. Il duca di Edimburgo aveva imposto la propria presenza e quella della regina nei luoghi dei disastri naturali e negli ospedali, affrancando i reali dal semplice ruolo di inauguratori di statue e biblioteche, lei e William dovevano andare oltre.

Un'occasione le era stata fornita poco dopo l'intervista di Harry e Meghan e la morte del duca. Aveva partecipato, da sola, alla veglia di centinaia di donne che protestavano per Sarah Everard, uccisa da un agente di polizia mentre tornava a casa dopo essere stata violentata.

Se Camilla si stava impegnando in maniera molto seria contro le violenze domestiche ma non si sarebbe mai sognata di partecipare a un corteo, Catherine, senza clamore, in giacca e pantaloni, era andata a testimoniare la sua solidarietà. Riconosciuta, era stata oggetto di critiche. Per molti era chiaro che desiderava riscattare i reali così provati dalle parole dei duchi di Sussex e riabilitarli agli occhi del mondo. Una sciocchezza. Con quella sortita Catherine avviò una serie di iniziative personali che, se non propriamente politiche, erano volte a dimostrare che aveva idee e una tenace volontà di esprimerle.

Con Camilla a lottare contro la violenza, e Catherine contro il disagio della prima infanzia e gli stupri, il tradizionale mutismo dei membri della famiglia reale veniva meno. Bene o male? Di sicuro un segno dei tempi.

Un'altra prova del suo impegno e della rinnovata fiducia in sé stessa fu l'organizzazione della mostra Hold Still, nata subito dopo il Covid e diventata un successo nazionale. Col supporto della National Portrait Gallery, Kate chiese a tutti gli inglesi di inviare un'immagine scattata durante il lockdown, un modo per ricordare insieme che cosa l'epidemia e l'isolamento avessero significato. Arrivarono fotografie dall'intero Regno Unito, furono selezionati cento finalisti le cui opere vennero esposte prima a Londra e poi nelle strade e come cartelloni pubblicitari in tutto il Paese. Alla fine se ne ricavò un libro molto apprezzato dalla critica e dalla gente.

Questo perché Catherine rivelava ancora una volta il suo grande *in touch* con la pancia dei suoi connazionali, i loro desideri, le loro angosce. Se prima aveva amato la fotografia e l'interesse si era fermato a scattare personalmente le foto dei bambini da consegnare alla stampa (aveva fatto tesoro dei racconti di William e Harry sulle loro foto ufficiali da piccoli e di quanto le avessero odiate), cresciuta nella propria autostima, aveva deciso di fare del suo talento e dell'amore per l'arte una strada per parlare alla gente e farla sentire più vicina alla famiglia reale.

Interessata a tutto quello che era rappresentazione, rafforzò il suo mix di abiti low cost e gioielli falsi, accanto alle tenute di rappresentanza. Capiva che in certe occasioni gli inglesi desideravano vedere la queen in waiting bella ed elegante. E sapeva accontentarli, riciclando però molti pezzi per non sentirsi dare della sprecona, arrivando anche a scambiare cappotti e borse con la madre e la sorella. La gente ne restò estasiata: nella famiglia ereditaria accadeva quello che succedeva ovunque. Si fotografavano i bambini con cellulare, si cucinava, si giocava tra i fornelli, si recuperavano abiti e accessori. Il massimo Kate lo raggiunse all'edizione del 2022 dell'Earthshot Prize, fortemente voluto da William, quando a Boston si presentò con un vestito da sera verde preso a noleggio. Del resto, la superproduzione di tessile non è uno dei fattori che contribuisce maggiormente a inquinare?

Per compiacere critiche e fan, Catherine ebbe un'idea geniale: decorò il vestito in prestito con un collier ereditato da Diana, una magnifica collana di smeraldi.

A due anni dal baby brain, una Catherine molto più forte, determinata e creativa, dimostrava a tutti che non è necessario parlare di sé stessi e fare proclami. Una persona silenziosa può portare avanti con successo molti programmi. E rinnovare la royal family.

Il lavoro con i bambini

Nel 2021, mentre Harry, con il suo libro *Spare*, informava il mondo sulla sua vita infelice nella famiglia reale (che schizzava di fango), un'imperturbabile Catherine dava vita al suo progetto più ambizioso riguardo ai bambini, il Royal Foundation Centre for Early Childhood. Una fondazione nata con il preciso intento di dare forza alle opinioni più personali ma anche più accreditate dagli esperti e dalla famiglia reale sulla prima infanzia. La tesi principale? Che sia necessario intervenire nei primi cinque anni di vita per impedire danni più gravi all'infanzia disagiata.

Già negli anni precedenti la duchessa di Cambridge aveva portato avanti vari progetti per l'infanzia, tra cui la campagna Heads Together, promossa in collaborazione con l'Anna Freud Centre, che aveva lanciato la Children's Mental Health Week. Ma questa volta il programma era più ampio, articolato ed esperto.

«Una cosa è diventata sempre più chiara» dichiarò a proposito Kate Middleton «se aspiriamo a costruire una società più sana e felice per le generazioni future dobbiamo iniziare a comprendere e riconoscere la profonda importanza dei primi cinque anni di vita che influiscono su tutta la nostra esistenza, plasmando le strutture fondamentali che ci permettono di crescere all'interno delle comunità e della società.»

Un programma ambizioso promosso e seguito con fatica e – all'inizio – senza che molti vi credessero, ma che oggi è il fiore all'occhiello di colei che, innamorata dell'infanzia fin dalla prima gioventù e accusata di occuparsi troppo dei figli, può vantarsi di essere una vera esperta dei problemi del settore e di influire con il proprio operato addirittura sulle politiche del governo in materia di sanità nazionale. E questo senza prendere precise posizioni politiche ma semplicemente sostenendo un programma sanitario di massa, il cui successo ha finito con l'orientare anche i piani di lavoro politici.

Se la principessa Anna ha ricoperto per anni con grande successo la presidenza di Save the Children indirizzando tutti i suoi sforzi verso la beneficenza, Kate ha cambiato il ruolo e il *modus operandi* delle donne di casa Windsor inserendovi elementi di valenza politica che non erano mai stati presi in considerazione dalla generazione precedente. E questo senza fare dichiarazioni ma solo svincolandosi dai ruoli che erano stati disegnati dal Palazzo addirittura per la stessa principessa Diana. Le donne della dinastia reale avevano il compito di essere belle, farsi vedere, partecipare al lavoro della famiglia, ma dovevano essere mute come la regina. Kate è riuscita in qualcosa di davvero particolare. È stata zitta, non ha fatto proclami, ha usufruito della sua indubbia esperienza di madre e si è poi avvalsa della competenza di medici, pediatri, psicologi, psichiatri a favore dell'infanzia, uscendo dal vago per entrare nello specialistico. Non solo: dalla teoria è passata alla pratica, spostando l'attenzione sulle cose utili e quotidiane da fare per cambiare la realtà. Non più beneficenza, quindi, ma efficacia concreta, che ispira soluzioni di carattere politico.

Catherine è riuscita addirittura a raccogliere 245.000 sterline in beneficenza per genitori e bambini colpiti dalla crisi economica. Le è bastato chiedere alla gente di fare delle donazioni. Un successo molto importante che completa la nuova icona di casa Windsor sorta dalle ceneri della Megxit.

Una donna che era considerata solo una buona madre, destinata a stare un passo indietro al principe ereditario, ha rivelato una tempra insospettabile quando ha capito che, per realizzare i propri desideri, era necessario uscire dalla comfort zone e imporsi. Inoltre, ha saputo cogliere i momenti in cui la famiglia reale è sotto gli occhi del Paese, costruendo con pazienza la vita privata con la formazione di una famiglia serena, vero e proprio cambiamento rispetto ai disastri di tutti i figli della regina, tranne il principe Edoardo, e infine modernizzando l'atteggiamento verso il pubblico attraverso la naturalezza dei modi di fare coniugati a un'impeccabile capacità di ricoprire il ruolo di principessa, se necessario. Una narrazione sospesa tra favola e realtà che si è rivelata indispensabile, come si è visto, quando si è spenta la regina Elisabetta II.

Principi di Galles

L'importanza della famiglia dei duchi di Cambridge si è ulteriormente accresciuta durante il Giubileo di platino della regina, che aveva mostrato a tutti la sua fragilità e debolezza nel periodo immediatamente precedente la sua scomparsa. Una rivelazione che aveva non poco rattristato e allarmato il Paese.

Carlo, re da pochi giorni, ha voluto subito fregiare il figlio del titolo di principe di Galles e di conseguenza Catherine è diventata la principessa di Galles, nome portato a lungo da Diana. Un'eredità che avrebbe fatto preoccupare chiunque, ma che Kate ha affrontato con sangue freddo, senza rinunciare alla propria personalità per seguire le tracce di quello che è stato un mito del mondo moderno ma incarnato da una persona profondamente diversa da lei. Riguardo a Diana, Catherine ha sempre detto a tutti che per lei sarebbe stato un enorme piacere conoscerla (ovviamente), ma poi nella quotidianità, nella maternità e nel rapporto coniugale col marito ha espresso un modo di essere differente, ritagliato sulla propria personalità, che tuttavia è piaciuto molto agli inglesi, perché nell'eleganza e nella capacità di empatia è riuscita a rievocare, con i dovuti distinguo, l'amatissima principessa.

Al funerale di Elisabetta la presenza di Catherine in sobrio abito nero e lo sforzo da lei fatto per mantenere i nervi freddi durante la transizione verso il regno di Carlo III e uscire con Meghan e Harry a salutare la folla che piangeva la regina sono stati apprezzati da tutti.

«Si è trattato» ha ammesso lei stessa «di uno dei momenti più difficili della mia vita.»

Tuttavia, è stato proprio dopo la morte della regina che Catherine ha ulteriormente rafforzato la propria individualità eliminando alcune delle tradizioni più annose di Elisabetta: dalle dame di compagnia a certe regole dell'etichetta. E si è fatta più sciolta, più libera, si è vestita casual molto più spesso, ha regalato al ruolo di principessa di Galles un'identità contemporanea.

Gli inglesi apprezzano questa giovane donna, che passa con disinvoltura da un picnic con i tupperware contenenti alimenti cucinati da lei, a un'esibizione al pianoforte per una serata di beneficenza a Westminster o in Eurovisione. Tutti questi progressi fino al funesto

2024 hanno creato una nuova famiglia reale con il compito di portare in alto il glamour e la favola dei Windsor, lasciando al re Carlo III e all'anziana consorte Camilla i doveri di Stato legati a una rappresentanza vecchio stampo.

E tutto sembrava andare per il meglio quando la terribile notizia del tumore che l'aveva aggredita ha lasciato tutto il mondo stupito e spaventato.

5
Il tumore

A ciel sereno

La famiglia Windsor durante il lungo regno di Elisabetta II non aveva mai diffuso notizie sulla propria salute. Al massimo, quando era proprio impossibile negare l'evidenza, da Buckingham Palace partivano comunicati stampa assolutamente privi di significato in cui la persona ricoverata era di ottimo umore e con il morale alto.

Buckingham Palace era riuscito a nascondere l'identità della persona ricoverata in seguito al terribile incidente che era quasi costato la vita alla principessa Margaret, quando la sua casa nell'isola di Mustique aveva preso fuoco e lei aveva riportato terribili ustioni. Lo stesso ufficio stampa aveva minimizzato i due ictus che dovevano portarla alla morte in breve tempo e aveva sempre trovato modo di non dire la verità sulle condizioni di salute del principe Filippo, anche quando era chiaro che fossero molto serie.

Improvvisamente, agli inizi del 2024, questo soffitto di vetro fu squarciato da due notizie parallele e ugualmente gravi.

La prima è che il re ha una neoplasia. Non si sa bene dove, non si sa bene come, ma verrà sottoposto a chemioterapia. Una decisione di Carlo III presa per essere trasparente con gli inglesi ma che tuttavia non ha mai ulteriormente chiarito né le effettive condizioni di salute del sovrano (che a circa due anni dalla diagnosi è ancora in chemio) né dove il male lo abbia colpito. Poi, subito dopo, la notizia lasciata nel vago e per questo ancora più preoccupante: un'operazione della principessa Catherine il 17 gennaio del 2024, in un ospedale di Londra, per un intervento all'addome che doveva essere oggettivamente pesante se era stato necessario sottoporre la giovane a ben due settimane di degenza.

Tuttavia, se Carlo, nella sua reticente ma diretta comunicazione, non aveva taciuto l'importanza del male che l'aveva aggredito, la principessa di Galles e il suo ufficio di comunicazione presero un grosso abbaglio. Non furono trasparenti, si esposero a mille illazioni. Poco prima, la gente aveva visto la famiglia dei principi di Galles all'uscita della messa di Sandringham in eccellenti condizioni di salute: lei bella, ben vestita, radiosa. I bambini, come sempre, perfetti, col piccolo Louis monello ma simpatico, William quasi di complemento sorridente a fianco della moglie. Tutti, il ritratto della salute.

Improvvisamente l'incantesimo finiva perché la principessa di Galles – che affermava di non essere affetta da un tumore – era sotto i ferri e non sarebbe stata di ritorno in pubblico almeno fino a Pasqua dello stesso anno. Significava che le servivano mesi di convalescenza. Perché?

A insinuare altri dubbi, era l'espressa richiesta della principessa, in genere così aperta e solare, di rispettare la sua privacy, dei suoi figli e della famiglia. Non voleva essere vista, dare bollettini, sentire nessuno. Pregava tutti di assecondarla.

Uno choc per il Paese che era abituato a notarla sia mentre portava a spasso e a scuola George, Louis e Charlotte, sia quando presenziava ai banchetti di Stato, sempre bella, sportiva, energica, forte, il viso dal colorito roseo, segno di ottima salute. Ma che cosa era successo? Anzi, che cosa stava succedendo? Perché non ci fu persona un poco esperta di malattie (purtroppo, dopo una certa età, chiunque ha avuto a che fare con un caso di tumore in famiglia o nella rete amicale) che non nutrisse dubbi sulla situazione, anche se la parola «cancro» era stata negata più volte.

Tra chi amava la principessa e seguiva la storia ma aveva un filo di sale in zucca, si cominciò subito a sussurrare a mezza voce che qualcosa di grave doveva essere accaduto per tenerla così a lungo lontana dai suoi impegni. Ma se non era un tumore come affermato dall'ufficio stampa, di che cosa si trattava?

Per molto tempo, la ricerca della cartella clinica di Catherine principessa di Galles diventò l'ossessione di un giornalismo di seconda categoria e di chiunque avesse voglia di ricavarne uno scoop da vendere ai giornali, ai social, ai media.

Il profilo sanitario della principessa venne hackerato, ma era abbastanza protetto da non far trapelare nessuna notizia. Nel contempo, William dichiarò *coram populo* che avrebbe tenuto compagnia alla moglie, quindi diminuito notevolmente i propri impegni pubblici. E questo in un momento in cui, con il padre malato, la sua presenza era più che mai necessaria. La decisione confermò il sospetto che Catherine fosse grave, ma fece anche intendere che ulteriori informazioni non sarebbero state divulgate. Ansia e incertezza dilagarono a macchia d'olio.

Per le cerimonie più rappresentative della monarchia inglese rimasero Camilla, la principessa Anna, i duchi di Edimburgo e i duchi di Kent, ma le figure forti – il re, Catherine, il principe William – erano fuori scena.

In poco più di un anno dalla perdita della regina, la monarchia appariva alle corde.

Catherine scomparve mentre il suo ufficio stampa si rivelò del tutto inadeguato alla tempesta mediatica in atto, violentissima specialmente sui social. Hater, mitomani, notizie false di ogni genere disturbavano l'opinione pubblica sempre più scossa, mentre i paparazzi cercavano di carpire a ogni costo un'immagine della principessa da vendere a caro prezzo, meglio se triste, oscena, patetica. Di tutto per fare soldi.

Riuscirono a scattarne una mentre era in auto con la madre. Niente di che. Ma col passare del tempo, si scatenarono le peggiori illazioni sulla sua salute: la meno grave parlava di un intervento all'intestino, un'altra di morbo di Crohn, altre ancora di tumore all'utero. Nulla da Kensington Palace.

E questo si rivelò un errore fatale.

Il complotto

Se in un primo momento furono molte le personalità politiche internazionali che espressero ai due principi di Galles tutta la loro solidarietà, pur non conoscendo il motivo di un periodo così lungo passato fuori dalla vita pubblica, l'interesse morboso delle persone in tutti i continenti esplose dando vita a supposizioni sempre più stravaganti, sempre più offensive, sempre più preoccupanti.

La più diffusa era che fosse morta e gli inglesi non volessero rivelarlo, un'altra che l'avessero operata chirurghi italiani, inglesi, indiani, chiamati per un caso disperato, e che le rimanesse poco da vivere. La realtà era che l'ufficio stampa e la struttura di comunicazione di Kensington Palace erano del tutto saltati per aria e non erano in grado di capire l'allarme dell'opinione pubblica (che in pochi anni, dopo decenni di pace assoluta, aveva subito la perdita del duca e della regina e ora assisteva alla malattia del re e della principessa), di passare le giuste informazioni, di gestire il problema.

Se la malattia di Carlo aveva sicuramente preoccupato e rattristato gli inglesi, si trattava tuttavia di un male non così atipico per un uomo di oltre settant'anni, che solo per un periodo aveva deciso di non farsi vedere. Poi era tornato, il danno era noto, la vicenda chiara.

Delle condizioni di Catherine, invece, non si capiva nulla. Turbava la giovane età della principessa di Galles – quarant'anni, tre bambini piccoli di cui uno di soli cinque anni – mentre si facevano illazioni sul male che doveva averla aggredita, considerando sia la sua assenza prolungata dalla vita sociale sia la decisione del marito di diradare gli impegni per starle vicino, nonostante l'urgenza di supplire il padre nel suo ruolo istituzionale.

Senza avere nozione o sottovalutando l'impatto che la malattia della principessa aveva avuto sull'opinione pubblica, nel marzo del 2024 i due principi, per rasserenare le acque, diedero alla stampa una foto che fece rapidamente il giro del mondo perché era un clamoroso falso. Inutile dire che sortì l'effetto contrario, cioè intorbidì ancor più le acque

La foto, che mostrava Catherine, William e i tre bambini, era completamente ritoccata nelle dimensioni, nelle forme e nei colori. Le principali agenzie di stampa mondiali si rifiutarono di distribuirla perché falsa, una serie di critiche molto forti si levò contro Kensington Palace che aveva creduto di calmare gli animi ma in realtà aveva sollevato un vespaio peggiore del silenzio che l'aveva preceduto. Catherine dovette assumersi la colpa di aver photoshoppato una vecchia immagine e di aver sbagliato a inviarla – attenuanti la stanchezza e la malattia. La gente la perdonò subito, ma sicuramente le chiacchiere non fecero che aumentare.

Era chiaro che nella famiglia dei due principi di Galles si stavano scontrando due mentalità: quella di William, che detestava la stampa e che quindi era assolutamente a favore del totale riserbo, e quella di lei, che aveva una visione più vicina alla gente comune e si rendeva conto che era necessario dire qualcosa. Come, ancora non lo sapeva, ma comprendeva che la cortina di ferro dietro la quale si era nascosta nella casa di Anmer Hall non poteva durare a lungo. Perché, che non avesse il cancro, non lo credeva più nessuno.

Era necessario un comunicato vero che spiegasse che cosa era successo e, nello stile di Kate, che raccontasse anche come il suo nucleo familiare fosse rimasto sconvolto da quella malattia che le era piovuta addosso come a milioni di altre donne prima di lei e che l'aveva lasciata scioccata, distrutta, con la sensazione di una morte imminente, la paura di lasciare soli i suoi bambini, il desiderio di avere vicini solo i familiari più intimi: il marito, i figli, il padre, la madre.

Ci sarebbe voluto un capolavoro di comunicazione per risanare il danno che la foto falsa e i mesi di mancanza di trasparenza avevano causato nel rapporto con il pubblico. Ma Kate ci sarebbe riuscita.

Ho il cancro

Così, dopo mesi di reticenza, improvvisamente Catherine decise di rompere gli indugi e dimostrare agli inglesi e a tutti coloro che con affetto le avevano scritto sui social o mandato biglietti di auguri che lei non solo era viva, a dispetto di quanto scriveva qualcuno, ma aveva anche un valido motivo per non farsi vedere.

Con una maglia a righe su una panchina nell'amata campagna del Norfolk, la principessa di Galles si fece vedere al mondo per quello che era: una donna malata, sciupata, gli occhi profondamente segnati dalla stanchezza e dalla sofferenza, il volto smagrito. L'atteggiamento però era composto, serio, quello della migliore Kate. E anche affettuoso verso tutti coloro che l'avevano sostenuta.

«Ho il cancro», queste le poche parole con cui giustificò i mesi di assenza dagli impegni pubblici per poi far capire a tutti il suo bisogno di ritirarsi in privato, di pensare solo a sé stessa, ai propri figli, al marito e a quella vita che – avrebbe detto spesso nei mesi successivi – era stata lì lì per sfuggirle di mano, per scomparire per sempre.

«Un momento hai qualcuno e qualcosa. Un altro non c'è più niente» ribadì spiegando la paura che si corre a rischiare di perdere coloro che si ama. Questa paura l'aveva scioccata e aveva spinto William a starle accanto nonostante la malattia del padre. Il fattore che l'aveva convinta – per la prima volta in vent'anni da quando era diventata un personaggio pubblico – a cercare solo e unicamente le cose che contano. Se poco le restava da vivere – e nel momento in cui parlava nel marzo del 2024 non si sapeva se le cure avrebbero fatto effetto o no – gli ultimi tempi sarebbero stati solo per il marito e i bambini, per la casa, per il privato. Tutto il resto, le luci della ribalta, l'eleganza e i vestiti, gli stessi interessi personali che continuava a perseguire con stoicismo erano passati in secondo piano davanti a quell'aut aut che il destino a soli quarantadue anni le aveva messo davanti.

L'efficacia del video girato in giardino fu enorme. Era chiaro che la principessa di Galles era malata e che la sua scomparsa non era stata un capriccio o – come qualcuno perfidamente aveva insinuato – i prodromi di un divorzio annunciato, ma aveva avuto delle ragioni ben più che legittime. Le fu perdonato tutto, mentre chi aveva scritto rimproverandola per l'assenza porgeva le sue scuse e provava a capire i problemi che una donna così giovane con tre bambini piccoli aveva dovuto affrontare. Catherine si era rinchiusa in sé stessa appoggiandosi essenzialmente a sua madre Carole e al marito, cercando di riservare quanto più tempo possibile ai bambini. Più tardi lo avrebbe spiegato: la cosa più difficile era stata raccontare loro la malattia della mamma e aiutarli a superare lo choc.

Nei mesi più ardui della sua vita, Catherine aveva seguito l'istinto di un animale braccato. Si era chiusa nel suo rifugio e aveva contemporaneamente rifiutato qualsiasi supporto estraneo alla rete familiare per non lasciare i figli da soli neanche un attimo. Faceva la chemio e poi andava a provare a giocare con loro, tenergli compagnia, raccontare storie, fugare fantasmi.

Si era sottoposta a uno sforzo enorme al di fuori del quale non esisteva nulla. Quando la malattia cominciò a lasciarle un po' di respiro, William la definì la più straordinaria delle mogli e delle madri.

Un minuto dopo la scomparsa dell'ultimo frame del video, la gente cominciò immediatamente a chiedersi quando sarebbe tornata, mettendo da parte ogni indiscrezione sul male. La conferma che si trattasse di un tumore, patologia tristemente nota, fece sì che chiunque capisse i problemi che la commoner diventata principessa stava passando e, in uno strano ribaltamento dei ruoli, la ritenesse non più una donna incredibilmente fortunata ma la più sventurata, che aveva dovuto affrontare giovanissima un danno così grave alla propria persona.

Per fortuna, le illazioni su che tipo di cancro avesse avuto o stesse combattendo si sopirono, mentre sgradevolmente tutta l'attenzione veniva rivolta alla folta chioma della principessa di Galles con giudizi gratuiti di pessimo gusto. È una parrucca, non lo è, quanti cicli di chemio ha fatto, ha scelto una cura particolare che salva i capelli...

Da Kensington Palace, però, non è mai arrivato un dettaglio sull'origine della malattia e sulle cure a cui Catherine aveva dovuto sottoporsi. Un unico punto fu più volte ribadito con fermezza: Catherine sarebbe tornata *on duty* solo quando i medici le avessero dato il via libera.

Non a breve termine: un tumore non è né leggero né semplice da curare.

I bambini

Una delle poche attività che Catherine aveva mantenuto durante la chemio era stata quella della sua Royal Foundation Centre for Early Childhood, di cui si occupava in smart working nei brevi momenti che le concedeva la terapia ma, come ha raccontato lei, il suo problema principale, oltre a trovare le risorse per curarsi e guarire, era aiutare i figli ad affrontare la durezza della realtà attenuandola con la dolcezza materna di cui era naturalmente dotata.

Catherine aveva ben chiaro che cosa avesse significato per William e Harry la morte repentina della madre, con il trauma che ne era derivato e che nessuno li aveva aiutati a superare.

A George, Charlotte e Louis non sarebbe successo lo stesso, si ripeteva, ma i termini del problema erano sicuramente molto difficili. Si trattava di raccontare a tre bambini, di cui uno molto piccolo, una malattia grave, potenzialmente letale, dall'esito imprevedibile e tenere loro compagnia senza farli spaventare, conducendoli verso il bene o verso il male (non poteva saperlo) ma ricolmi d'amore e del senso della famiglia in cui aveva investito così tanto da quando aveva conosciuto William.

Affrontate le prime difficoltà, non c'era stato spazio per nient'altro. In più, le cure cui veniva sottoposta la principessa le distruggevano il sistema immunitario rendendo necessario il suo isolamento da chiunque non appartenesse al nucleo stretto della famiglia.

Per alcuni mesi Catherine aveva vissuto in un tunnel recandosi in ospedale per fare la chemio, tornando a casa e provando ad accudire la famiglia con le poche forze che le restavano. Aveva dovuto accettare un minimo di servizio proprio perché non era in grado di fare molto, ma si era liberata di tutte le persone che le stavano intorno e che Buckingham Palace riteneva indispensabili per il decoro dei principi di Galles. Il pomeriggio, quando stava bene, con i bambini si intratteneva lei, altrimenti la nonna o il padre.

Per una famiglia dove i bambini venivano cresciuti dal personale come quella in cui erano stati allevati William e Harry (e con loro la maggior parte dell'aristocrazia inglese) si trattava di una novità assoluta che cambiava completamente il futuro dei Windsor.

«La priorità mia e di William» raccontò brevemente qualche tempo dopo «è stata quella di riprenderci quanto più tempo possibile per spiegare ai nostri bambini che cosa mi stava succedendo. Oggi mi sento sempre meglio, mi sento ogni giorno più forte e ringrazio tutti quelli che mi sono stati vicini durante questo periodo. A tutti voglio dire: quando vi ammalate, ricordatevi che non siete soli, affidatevi ai medici e a quello che ritengono necessario.»

Mai un Windsor era stato così esplicito e sincero con la gente. Mai una principessa aveva proclamato così apertamente il proprio modo di essere madre. Una differenza enorme rispetto a quando la regina Elisabetta si faceva portare i bambini un'ora al giorno o a quando, in procinto di partire per lunghi viaggi che la tenevano lontana da casa per mesi interi, li salutava per ultimi, dando la priorità ai congedi ufficiali.

Il ritorno

Il video con cui Catherine Middleton annunciò la fine delle sue cure (più esattamente la fine della chemioterapia) può essere considerato uno dei maggiori cambiamenti nella comunicazione intercorsi nella famiglia Windsor dalla morte di Lady Diana e uno dei più efficaci. Kate ha voluto dare personalmente la notizia per mezzo di un racconto filmato delle cose che amava e di quelle che aveva potuto finalmente riabbracciare una volta recuperate le forze per poter uscire. Una Catherine a tutto tondo, senza timidezze o reticenze, come mai prima.

Nel video si vedeva la famiglia del futuro re giocare e divertirsi, i due principi di Galles distesi insieme al sole, la natura a regnare su tutto, come se si fosse trattato di una scampagnata felice e non del ritorno dalla casa dei morti. Perché quella non era una scampagnata. Dopo mesi di tunnel, Catherine dimostrava che la sua normalità era stata ristabilita, che le era di nuovo possibile camminare, stare all'aperto, giocare, amare profondamente la sua famiglia e comunicarlo a tutti in un modo che non si era visto.

La commoner diventata principessa che non aveva mai rilasciato interviste che non fossero strettamente legate a necessità intrinseche ai suoi doveri reali presentava la sua famiglia nei dettagli più intimi. Come viveva, come vestiva, i giochi, l'amore, i gesti di tenerezza; soprattutto non aveva paura di dire quello che probabilmente Harry e William temevano da tutta la vita, cioè che perdere le persone care all'improvviso è una prova che può capitare e lei aveva dovuto sopportarne il rischio.

«Ho dei giorni cattivi» spiegò «in cui mi sento stanca, mi sento malata e devo dire al mio corpo di resistere, ma ho anche giorni buoni in cui mi sento più forte che superano quelli in cui sto male. Ho imparato ad avere pazienza con le mie incertezze, prendo ogni giorno come viene, ascolto il mio corpo e cerco di fare tutto quello che serve per la mia salute.»

Senza bisogno di un palcoscenico televisivo alla

Oprah Winfrey, senza bisogno di chiamare i fotografi, senza bisogno di esporsi in prima linea, Catherine aveva rovesciato in maniera totale (e indietro non si tornava) tutta la comunicazione dei Windsor con una rivoluzione che faceva impallidire i video zuccherati e artefatti di Harry e Meghan da Montecito. Il duca di Edimburgo, quando andava in ospedale, faceva sapere a tutti di essere di ottimo umore. Kate invece, superati i primi mesi di chemio e in attesa di avere il via libera dai medici per gli impegni pubblici, raccontava la paura, l'angoscia, le difficoltà di chi si era trovato improvvisamente ad affrontare una delle malattie più dure e insidiose che esista, trascinando il suo mondo di bellezza, gioventù e salute nei reparti ospedalieri. E ribadiva la volontà di tenere insieme quella famiglia che aveva amato e costruito con tanta determinazione, rassicurando gli inglesi sul suo ritorno.

La rivoluzione

Il video diventò immediatamente virale, la tenerezza tra i due coniugi e la dolcezza dei bambini che giocavano con i nonni in tinello commosse anche il pubblico che da tempo rimproverava Catherine per la sua assenza, ritenendola troppo prolungata.

Non sappiamo chi abbia deciso di raccontare in maniera così privata e al contempo efficace la storia di una famiglia travolta dalla malattia della madre, il terrore dei bambini e poi la festa per quella guarigione che – finalmente era chiaro – non era stata né scontata né ovvia, ma dalle immagini traspariva tutto l'amore per Catherine, la felicità di averla ritrovata, l'ingenuità dei giochi, l'abitudine della famiglia di stare all'aperto, di godere del mare, degli alberi e di una natura così profondamente inglese che nessuno avrebbe mai potuto scambiarla con la patinata Montecito dove si era rinchiuso Harry.

Era stata un'idea di Catherine o di un grande comunicatore? Se il video era altamente professionale, di certo gli inglesi si commossero davanti a quella scampagnata ideale che chiunque sogna quando una persona che ama ha una diagnosi grave come quella toccata a Catherine.

Entrambi i principi di Galles avevano ricevuto non poche critiche dalla gente che aveva sperato di vedere Catherine più spesso da quando c'era stato un annuncio che l'aveva portata via dai riflettori, ma tutto fu perdonato e l'attesa del suo ritorno ai royal duty divenne spasmodica, fino all'abbraccio caldo di Wimbledon.

Catherine Middleton, presenziando al torneo che poi avrebbe dovuto premiare, mostrava il suo fisico sciupato, incredibilmente magro ma di nuovo integro, di nuovo elegante, di nuovo presente. L'applauso le fu dovuto per il suo coraggio, per la sua ferma volontà di stare con gli inglesi, di essere con tutti coloro che avevano fatto il tifo per lei nei giorni terribili, ora scacciati da quella giornata di sole che riportava la normalità nella vita di tutti oltre che nella sua.

Per la prima volta un'esponente della famiglia reale aveva messo la privacy davanti ai royal duty, ma era tornata e solo quello contava. Catherine aveva obbligato sé stessa, la famiglia reale, Buckingham Palace e l'opinione pubblica a seguire le esigenze imposte dalla propria condizione di salute. Aveva dovuto curarsi, era scomparsa per farlo perché era stato necessario. Avrebbe desiderato non dover dire al mondo che cosa le era successo per non aumentare l'esposizione mediatica che i figli avevano dovuto subire, ma era stata l'unica parte del piano che non le era riuscita.

Elisabetta II si era spenta pacificamente nel sonno senza rivelare al mondo del linfoma che da tempo le rendeva la vita difficile. I suoi dignitari avevano a lungo raccontato che la regina aveva unicamente qualche problema di deambulazione. Catherine aveva scelto di cambiare, di curarsi e aveva messo sé stessa prima della dinastia.

Certo, aveva potuto farlo perché, a differenza di re Carlo e di sua madre prima, non si trovava nella stessa posizione apicale, però aveva inaugurato la norma che anche la privacy della famiglia reale fosse rispettata. Un cambiamento incredibile se si pensa che Diana aveva messo in piazza qualsiasi fatto la riguardasse e abituato i giornali a sapere tutto di quello che accadeva tra le mura dei palazzi. Sua nuora, esigendo rispetto in cambio di trasparenza, aveva sconvolto e poi riscritto le regole del gioco.

Una rivoluzione assoluta che riportava la comunicazione nell'ambito di una maggiore ragionevolezza, senza cedere a interviste drammatiche come aveva fatto Diana o a comparse televisive dai risvolti scandalistici come quella di Harry e consorte. Ora c'erano dei limiti da rispettare e delle nuove esigenze. Re Carlo e la nuora si erano trovati in una situazione analoga, una malattia gravissima, e avevano sentito il bisogno di spiegarla, uno al popolo di cui era re, l'altra al popolo di cui sarebbe stata regina.

Carlo aveva scelto di farsi vedere anche durante la chemioterapia, Catherine aveva preferito di no. Probabilmente questo era dovuto alle diverse forme tumorali che li avevano colpiti, ma dalla loro malattia in poi i Windsor hanno sepolto per sempre i ricoveri ospedalieri per «controlli» e l'ottimo umore dei ricoverati.

Il re e la principessa di Galles erano stati malati e negli anni Duemila la gente aveva diritto di saperlo nel modo corretto, perché poteva capire a che cosa andavano incontro. Tutti conoscono il male che aveva aggredito i due reali. Il ritorno di Carlo e di Catherine alla vita pubblica era quindi desiderato ma non c'era bisogno di renderlo diverso da come avvenne, perché entrambi avevano scelto di far capire alla gente che si erano ammalati come chiunque, si erano fatti curare, avevano dovuto sospendere il loro lavoro per ordine dei medici ed erano ritornati quando avevano potuto nelle migliori condizioni possibili.

Un cambiamento decisivo dal 2022, quando le condizioni di una moribonda Elisabetta erano state tenute nascoste fino al giorno in cui la sua fotografia con la Premier incaricata Liz Truss, che era andata personalmente a Balmoral, era stata pubblicata rivelando tutta la fragilità dell'anziana sovrana, morta poi serenamente nel sonno pochi giorni dopo, senza che agli inglesi fosse mai stata detta una parola sincera sul suo stato di salute.

6
Una nuova famiglia reale

Di nuovo al lavoro

Il ritorno alla vita lavorativa di Catherine non avrebbe potuto essere più diverso dal precedente. Non tanto per la qualità e la quantità degli impegni, necessariamente ridotti su suggerimento dei medici, ma per il nuovo approccio della giovane principessa di Galles. Se durante la malattia si era imposta la privacy e la dedizione assoluta alle famiglie come cifra particolare del suo carattere e del suo modo di agire, adesso era fondamentale dimostrare che si era raggiunto un nuovo equilibrio.

La monarchia di Catherine e di William è e sarà profondamente diversa da quella che l'ha preceduta.

Un gesto indicativo puramente simbolico è la volontà della principessa di non far conoscere, volta per volta, lo stilista e i marchi degli abiti che indossa. Questo è un duro colpo per l'industria inglese che ha fatto di lei il proprio emblema, ma è anche un modo per ribadire come Catherine voglia essere apprezzata per quello che fa, non per quello che mostra. I tempi del manichino sono finiti per sempre.

Per anni le sue *mises* sono state vivisezionate, giudicate belle o brutte, eleganti o banali. Oggi Kate ha diviso in due momenti netti le sue apparizioni pubbliche: quelle che svolge per la corona e che hanno un tono di alta ufficialità, come il varo di una nave o la presenza al balcone di Buckingham Palace o a Westminster Abbey, e quelle che dedica ai propri impegni. Nel primo caso è elegante, inappuntabile, molto formale: la principessa che amano gli inglesi, con i suoi cappelli, i tacchi alti, i gioielli, i vestiti spesso riutilizzati in più occasioni, che fanno capire come non sia una spendacciona, nonostante i suoi abiti abbiano determinati requisiti formali. Il secondo caso riguarda i propri impegni con i bambini.

Nelle iniziative ideate con William in giro per il Paese, ha abbandonato ogni tipo di formalità superflua a favore di un modo di vestire molto asciutto, sia pure elegante. Usa giacca e pantaloni in tinta unita oppure abiti sportivi spesso resi più formali dall'uso del blazer. Se a questo si unisce l'amore per lo sport ormai noto, quello per i picnic e le riunioni informali di famiglia, il risultato è una principessa di Galles estremamente moderna, che apprezza il valore della vita all'aria aperta, della natura, del moto, della semplicità. Una delle sue prime immagini dopo la malattia la vede con William a mangiare fish and chips in un chioschetto lungo la costa.

Era necessario questo cambiamento? Sicuramente sì, rispetto alle abitudini di Carlo, con i suoi cento dipendenti e le sue ville inaccessibili. Le abitudini dei due nuovi principi sono familiari alla classe medioalta inglese, destrutturate, lontane da quelle dell'aristocrazia e diversissime da quelle dei tycoon, profondamente aborrite.

Kate e William vivono in una casa piccola nel parco di Windsor dove durante la malattia di lei hanno rinunciato al personale pur avvalendosi di quello del castello per avere più privacy. Quando si muovono, se non si tratta di viaggi richiesti dal governo, lo fanno con mezzi di linea oppure con dei treni, riuscendo in genere a mantenere la privacy. Siamo lontani anni luce dai treni speciali della regina e del *Britannia*, i tempi sono cambiati ed è necessario che la stessa famiglia reale cambi se vuole restare in contatto con il Paese.

William e la moglie stanno disegnando una monarchia empatica, vicina ai problemi della gente e, per conseguenza, vicina anche ai suoi modi di vivere. Entrambi sanno che i castelli, le carrozze, le macchine fanno parte del gioco della magia reale e non possono rinunciarvi, ma quando si mostrano in pubblico cercano di essere più semplici e alla mano possibile. Questo progetto in realtà si poteva intravedere già negli anni precedenti, ma il rispetto per le abitudini di Elisabetta II e del suo modo di vivere lo teneva in secondo piano.

La nuova generazione, seguendo l'esempio della principessa Anna, aveva già da tempo abbandonato le tradizioni della sovrana, seguiti solo dal principe Carlo per uso inveterato e gusti personali. Ma dalle principesse di York fino a William e allo stesso Harry, le nuove leve avevano ormai eliminato molte delle infrastrutture che avevano reso pesante la vita della stessa Elisabetta e del principe Filippo: troppi servitori, troppi cortigiani a decidere, uno staff eccessivo. Anche Catherine e William hanno i loro consiglieri, un ufficio stampa, e tutto il personale che serve, ma la loro struttura è più moderna, snella e pensata per stare vicino alla gente comune.

La natura

Negli ultimi tempi William ha deciso di farsi crescere la barba, una piccola rivoluzione personale impossibile durante il regno della nonna, la sovrana più longeva d'Inghilterra. Assieme ai lunghi capelli sciolti di Catherine, alla maggiore semplicità e disinvoltura con cui si muovono è il simbolo di un modo di fare più legato alla vita contemporanea.

Il lunghissimo regno di Elisabetta aveva pietrificato tutte le usanze di corte in un mondo che era diventato un mito per tutti coloro che lo osservavano. Un mito che riscuoteva anche il successo popolare, ma che rendeva tutto difficile e farraginoso, specie per i giovani membri della famiglia.

Carlo segue le tracce della madre ma se ne discosta nella vita privata, adottando rituali estremamente complicati. Se Elisabetta e Filippo erano spartani nella loro vita quotidiana, Carlo non lo è, anzi è celebre per le proprie abitudini tutt'altro che sobrie, che richiedono uno stuolo di personale al suo servizio. La regina e il marito quando erano in vacanza a Balmoral amavano cucinare da soli, fare grigliate e picnic all'aperto, lavare i piatti. I due nuovi principi di Galles hanno recuperato questo stile di vita semplice riattualizzandolo ai tempi correnti.

Nel video con cui annuncia la fine della chemio, Catherine mostra tutta la sobrietà del proprio abbigliamento e di quello di marito e figli. Si fa vedere distesa su un prato con William oppure mentre arrostisce del cibo sul fuoco. Anni luce dai salotti sfarzosi di Carlo e Camilla, che tuttavia condividono la stessa passione per la natura e l'ambiente. Perché, se Carlo ha un merito, è sicuramente quello di aver adottato, prima ancora che diventasse una moda, uno stile di vita naturale preferendo prodotti biologici, costruendo case green, all'insegna dell'ecosostenibilità, con materiali e impianti a basso impatto ambientale. William e Catherine, più che rispettare la natura, preferiscono viverla con grandi passeggiate, giornate all'aria aperta, in campagna o al mare.

Secondo Catherine, questo le è stato di grande aiuto e ispirazione nei momenti della malattia: ha spiegato che è stato proprio grazie alla sua immersione nel verde della natura che è riuscita a trovare le forze per combattere la malattia, sopportare la chemioterapia e a far capire ai propri bambini la particolarità del momento.

Se una volta si riteneva che la monarchia britannica per sopravvivere dovesse trasformarsi in una monarchia in bicicletta come alcune del Nord Europa, oggi l'esempio di Catherine e di William ha fatto un balzo in avanti verso un maggior rispetto della natura e un modo di vivere il tempo libero in assoluta sintonia con l'ambiente. Tutto questo non sarebbe possibile mantenendo usi e tradizioni dei tempi di Elisabetta, motivo per cui le loro case sono molto più semplici, di facile manutenzione ed ecosostenibili. Catherine, con il suo amore per l'aria aperta, la fiducia nel suo potere terapeutico e in tecniche come l'*hypnobirthing* usata durante i parti e per la meditazione, ha introdotto delle novità culturali che prima non esistevano. Quando ha dovuto curarsi, ha scelto gli ospedali che erano in grado di seguire la sua malattia, però, sempre più spesso, si è avvicinata a parlare nuove frontiere della medicina, rendendole un argomento di conversazione per tutti e anche di scambio culturale per la maggior parte degli inglesi.

Subito dopo il matrimonio, Catherine si è presentata come una ragazza semplice decisa a imparare le maniere di Buckingham Palace e a rispettarne usi e costumi. Il suo desiderio più importante era avere dei figli e costruire con William una famiglia felice per donare al marito quell'apporto, quella sicurezza e quella serenità che gli erano mancati durante l'infanzia, segnata dalla separazione dei genitori e dalla tragica morte della madre.

Il fulmine a ciel sereno della Megxit, tuttavia, le ha fatto capire che la sua lealtà verso William, che la spingeva a tenere in secondo piano aspirazioni e qualità personali, non erano funzionali alla realizzazione di sé stessa.

Oggi, dopo aver reagito con compostezza e abilità alle tempeste scatenate su di lei dalle dichiarazioni di Harry e della moglie (addirittura sull'accusa di razzismo) e dopo aver superato una malattia potenzialmente mortale, abbiamo davanti una donna determinata, che non rinuncia però a quel candore iniziale che aveva incantato tutti quando si era presentata senza pretese e senza orgoglio. Una commoner allegra, gentile e simpatica che non chiedeva nulla per sé ed era felice solo perché concludeva un matrimonio d'amore. E che nel tempo è divenuta la maggiore risorsa della famiglia reale: se prima si pensava che potesse essere Meghan la donna che avrebbe riformato la monarchia, finalmente è ormai sotto gli occhi del mondo che chi la sta ricostruendo giorno dopo giorno, con iniziative progressiste ma mai urlate e sempre in sintonia con il passato, ideate in maniera da creare ponti e non fratture, è proprio lei, la queen in waiting. Inoltre, sta cercando di evitare ai figli i traumi infantili subiti dal marito e dal cognato. I figli sono tre – George, Charlotte e Louis – ma solo uno è il trono a disposizione. È chiaro quindi che, se l'eroe designato è George, per Charlotte e Louis si devono programmare delle possibilità tali da dare loro un futuro anche lontano dalla famiglia reale. I due bambini non sono «scorte», ma persone indipendenti e come tali vengono allevate e cresciute. Anche in questo l'operato di Catherine è particolarmente importante e necessario. A educarli in questo senso l'aiuta William, che ha sopportato quello a cui giustamente Harry si è ribellato: un destino scritto fin dalla nascita. È indubbio che essere l'erede al trono d'Inghilterra è un grande privilegio, ma lo è anche che ognuno abbia il diritto di poter realizzare le proprie ambizioni e le proprie aspirazioni. Questa la grande sfida che la commoner ha davanti. Fare in modo che i suoi figli non subiscano le pressioni e i condizionamenti di William e Harry, ma capiscano ugualmente che sono loro il futuro della monarchia.

Ce la farà? Lo scopriremo solo vivendo.

Finito di stampare nel mese di settembre 2025
per conto di RCS MediaGroup S.p.A.,
da Rotolito S.p.A., via Sondrio 3, Pioltello (Milano)
Printed in Italy